Futh

Rationalisierung der Datenverarbeitung
Band X

Oldenbourg

Horst Futh

Rationalisierung der Datenverarbeitung

Band X

EDV für Klein- und Mittelbetriebe

– Einsatz von Computern der mittleren Datentechnik –

Mit 50 Abbildungen

R. Oldenbourg Verlag
München Wien 1981

CIP-Kurztitel der Deutschen Bibliothek

Futh, Horst:
Rationalisierung der Datenverarbeitung / Horst Futh. – München ; Wien : Oldenbourg.
EDV für Klein- und Mittelbetriebe : Einsatz von Computern d. mittleren Datentechnik / Horst Futh. – München ; Wien : Oldenbourg, 1981.
(Rationalisierung der Datenverarbeitung / Horst Futh ; Bd. 10)
ISBN 3-486-25521-5

Gesamtherstellung: Hofmann Druck, Augsburg

ISBN 3-486-25521-5

Inhaltsverzeichnis

Vorwort zur Gesamtausgabe

Alle mit der Datenverarbeitung zusammenhängenden Fragen sind heute aktueller denn je. Nicht nur, daß die Anzahl der installierten EDV-Anlagen von Jahr zu Jahr wächst und immer mehr Anwendungsgebiete auf die EDV umgestellt werden, auch die EDV-Probleme haben erheblich zugenommen. Während in den 60er Jahren die maschinelle Abwicklung von Massen- und Routinearbeiten im Vordergrund stand, werden heute Lösungen für Dispositions- und Informationssysteme, für den Einsatz von Dialoggeräten und für den Aufbau von Datenbanken gesucht. Diese Entwicklung stellt neue Fragen und verlangt ein Abweichen von eingefahrenen Wegen. Hinzu kommt, daß die Unternehmen heute aus wirtschaftlichen Gründen gezwungen sind, in der EDV rationellere Verfahren und Techniken einzusetzen: Mehr Planung und Überwachung, der Einsatz normierter Organisations- und Programmierungstechniken und die Einführung von Kostenbudgets und Wirtschaftlichkeitsrechnungen werden bald zum Maßnahmekatalog jeder EDV-Abteilung gehören.

Dem Wandel in der EDV und den Anforderungen, die künftig an die EDV-Mitarbeiter, aber auch an die Geschäftsleitungen und Mitarbeiter in den Fachabteilungen gestellt werden, will diese Buchreihe Rechnung tragen. Sie erstreckt sich auf das Gesamtgebiet der EDV-Technik und wird nur dort eingeschränkt, wo sich die EDV-Aktivitäten auf herstellerbezogene Hardware- und Softwaretechniken beziehen.

Die neue Buchreihe umfaßt folgende Bände:

Band I	Grundlagen der EDV - Hardware, Software, Orgware -
Band II	Planung und Einrichtung von EDV-Abteilungen - Aufgaben- und Datenanalyse, Gesamtsystem, Hardware- und Softwareauswahl, Wirtschaftlichkeitsanalyse, Gesamtplanung, organisatorischer, personeller und räumlicher Aufbau der EDV-Abteilung -
Band III	Entwicklung und Einführung von EDV-Systemen - Voruntersuchung, Projektsteuerung, Projektrealisierung, Änderungsdienst -
Band IV	Rechenzentrumsorganisation - Arbeitsplanung und Ablaufvorbereitung, Datenerfassung und Datenverarbeitung, Kontrolle und Abstimmung -
Band V	EDV-Systemrevision - Revision der Projektumstellung, Revision der RZ-Abwicklung, Revision projektunabhängiger Bereiche -
Band VI	EDV-Personalführung - EDV-Personalorganisation, EDV-Personalplanung, EDV-Personalmanagement -
Band VII	Datenschutz und Datensicherung - Begriffe, Bundes-Datenschutzgesetz, Risiken, Maßnahmen, Kosten, Überwachung, Realisierung -
Band VIII	Die EDV in den Griff bekommen - EDV für Führungskräfte -
Band IX	Die EDV mitgestalten - EDV für Mitarbeiter von Fachabteilungen -
Band X	EDV für Klein- und Mittelbetriebe - Einsatz von Computern der mittleren Datentechnik -

Februar 1981 Horst Futh

Vorwort zu Band X

"Lohnt sich für uns die Lochkarte?", war eine früher oft gestellte Frage in kleinen und mittleren Unternehmen. Sie mußte, damals vor 10 oder 20 Jahren, meist mit Nein beantwortet werden, weil die Computer der ersten und zweiten Generation aus Kostengründen für kleine und mittlere Unternehmen nicht geeignet waren.

Inzwischen hat sich die Situation grundlegend gewandelt. Die Weiterentwicklung der Büromaschinen "nach oben" und der EDV-Anlagen "nach unten" hat mit der mittleren Datentechnik (abgekürzt MDT) leistungsfähige und preiswerte Kleincomputer geschaffen, die kleinen und mittleren Unternehmen eine wirtschaftliche Rationalisierungsmöglichkeit bieten und eine echte Alternative zur Datenverarbeitung außer Haus sind.

Die Streitfrage, ob man überhaupt von mittlerer Datentechnik sprechen sollte (einige Hersteller bezeichnen ihre Systeme als Basisdatenverarbeitung) und ob MDT-Systeme größere Minicomputer sind oder die untere Größenklasse universeller Computersysteme (EDV-Anlagen) bilden, soll hier unerörtert bleiben, da sie mehr begrifflicher als praktischer Natur ist. Wir wollen uns darauf beschränken, die Leistungsmerkmale von MDT-Systemen zu beschreiben und sie hardware- und softwaremäßig gegenüber EDV-Anlagen abzugrenzen.

Wie der Verfasser aus langjähriger Beratungspraxis weiß, bereiten Einsatz und Betrieb von MDT-Systemen vielen Anwendern große Schwierigkeiten. Die meisten Schwierigkeiten sind darauf zurückzuführen, daß solche Systeme fälschlicherweise den Büromaschinen hinzugerechnet werden (woran einige Anbieter mit ihrem Werbespruch "Bei unserem System brauchen Sie nur eine Steckdose" nicht unschuldig sind). Sieht man einmal von den rein mengenmäßigen Leistungsgrenzen ab, so ähneln MDT-Systeme viel mehr größeren EDV-Anlagen als beispielsweise Buchungs- oder Fakturiermaschinen und müssen deshalb genauso sorgfältig geplant und betrieben werden wie diese.

Neben einer Einführung in die Hardware- und Softwaretechnik soll dieses Buch den Anwender solcher Systeme mit der Einsatzplanung und dem Betrieb von MDT-Systemen vertraut machen. Es soll dazu beitragen, den Einsatz von MDT-Systemen als wirtschaftliche Rationalisierungsmöglichkeit für Klein- und Mittelbetriebe anzusehen. Das Buch ist gleichermaßen für Unternehmer geschrieben, die über die Anschaffung eines MDT-Systems entscheiden sollen, wie für die Mitarbeiter, die den Einsatz vorbereiten und das System handhaben müssen.

Juni 1981 Horst Futh

1. Einführung

Da Klein- und Mittelbetriebe in der Regel keine oder nur wenige EDV-Fachkräfte besitzen, verlagern sich Verantwortung und Durchführung beim Einsatz von MDT-Systemen noch stärker als bei größeren EDV-Anlagen auf die Führungskräfte und Sachbearbeiter in den Fachabteilungen. Deshalb müssen diese selbst wissen und kennen,

- welche Leistungsmerkmale und -grenzen MDT-Systeme haben
- wie MDT-Systeme aufgebaut sind und funktionieren
- wie man Aufgaben- und Mengenanalysen durchführt und Grob-Lösungen erarbeitet
- wie die benötigte Hardware ausgewählt und beschafft wird
- wie man eine Kosten-/Nutzenanalyse für MDT-Systeme durchführt
- welches Personal für den Betrieb eines MDT-Systems benötigt wird und wie die Mitarbeiter auszubilden sind
- welche räumlichen Voraussetzungen vorhanden sein oder geschaffen werden müssen
- wie Arbeitsgebiete auf MDT-Systeme umgestellt werden
- wie man die Stammdaten und Programme pflegt
- wie man die umgestellten Arbeitsgebiete handhabt und
- welche Maßnahmen des Datenschutzes und der Datensicherung zu beachten sind.

Da die Mitarbeiter solcher Unternehmen selten über Kenntnisse und Erfahrungen im Einsatz von MDT-Systemen verfügen, haben wir dieses Buch von Inhalt und Form her so aufgebaut, daß es auch für EDV-Laien verständlich ist. Aus diesem Grunde haben wir fast jedes Kapitel durch Bilder oder Formulare mit Beispielen ergänzt.

2. Hardware und Software – die technischen Grundlagen

2.1 Leistungsmerkmale eines MDT-Systems

Wie schon im Vorwort erwähnt, sind MDT-Systeme Computer, die einerseits von herkömmlichen Büromaschinen abstammen (Büromaschine - Magnetkontencomputer - MDT-System), aber andererseits viele Merkmale von Universalcomputern (EDV-Anlagen) aufweisen wie zum Beispiel die Ausrüstung mit Magnetplattenspeichern und die freie Programmierbarkeit. Der Dialogverkehr, einfache Programmiersprachen, unproblematische Betriebssysteme und die Verfügbarkeit umfangreicher Softwarepakete für Anwendungen sind Merkmale, die ein MDT-System mancher EDV-Anlage gegenüber (sieht man einmal von den quantitativen Leistungsgrenzen ab) ebenbürtig machen. Zu erwähnen ist, daß die Grenzen zwischen einem leistungsfähigen MDT-System und einer kleinen EDV-Anlage durchaus fließend sind, weswegen beispielsweise Diebold[1)] einige MDT-Systeme den Kleincomputern (Beispiele: IBM/32 - 38, Kienzle alle Systeme außer 6100 und Sperry Univac BC/7), andere dagegen der unteren Größenklasse von universellen Computersystemen (Beispiele: Honeywell Bull 61, MAI alle Systeme und Nixdorf 8870) zuordnet.

Wir selbst wollen im Rahmen dieses Buches ein MDT-System als einen selbständig arbeitenden Computer verstehen, der in Klein- und Mittelbetrieben zur Erledigung vorwiegend administrativer und kommerzieller Arbeiten eingesetzt wird und in seiner Leistung und Kapazität für kleinere und mittlere Datenmengen ausgelegt ist. Ein solches System kostet je nach Größe und Ausrüstung zwischen 50.000 und 250.000 DM (Kaufpreis ohne Software), in einzelnen Fällen auch bis zu 500.000 DM.

Die Bilder 1 - 3 zeigen eine Übersicht über die Familie der Elektronenrechner (engl. Computer), durchschnittliche Kaufpreise für

---

[1)] Diebold-Statistik, haljährlich veröffentlicht im Diebold Management Report

Computer und typische Hardwareausrüstung und Leistung eines MDT-Systems.

Im nachfolgenden sollen die in der EDV häufig verwendeten Begriffe der "Hardware" und "Software" erläutert werden. Mit dem englischen Wort "Hardware" bezeichnet man die technischen Einrichtungen der EDV (ohne Unterschied zwischen EDV und MDT), also die Geräte für die Datenerfassung, die Einrichtungen für die Datenübertragung und die Maschinen für die Datenverarbeitung. Demgegenüber umfaßt die "Software" die Summe aller Programme, die ein Computer benötigt, unterteilt nach "Systemsoftware" (im wesentlichen Steuerungsprogramme für den Computerablauf) und "Anwendungssoftware" (Programme für die Abwicklung bestimmter Aufgaben wie beispielsweise der Auftragsbearbeitung und Fakturierung).

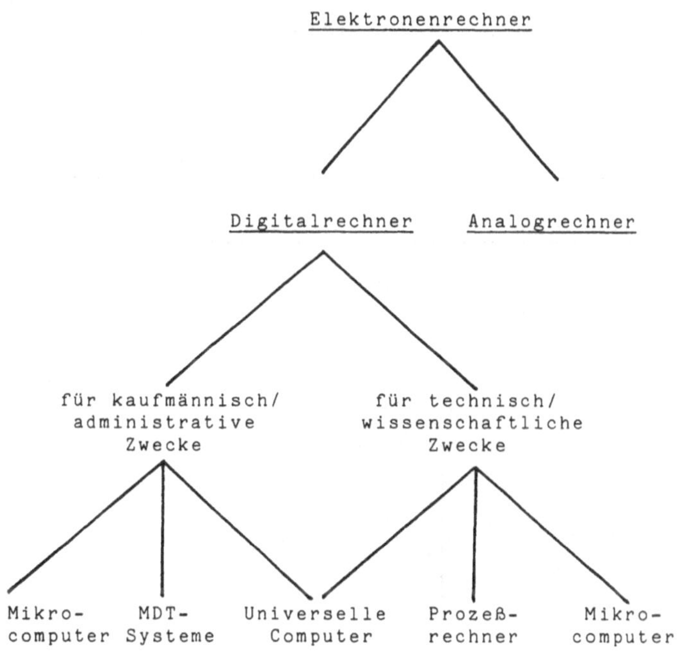

Bild 1: Übersicht über die Familie der Elektronenrechner (engl. Computer)

Computerart	Einsatzgebiete	Ø Kaufpreis in DM
Mikrocomputer	Intelligente Terminals, technische Spezialgebiete	bis 25.000
MDT-Systeme	Administrative, kaufmännische Arbeiten	50.000 bis 250.000
Prozeßrechner	Technisch-wissenschaftliche Prozesse	50.000 bis 500.000
Universelle Computer	Universeller Einsatz in kaufmännischen und technischen Bereichen	ab 500.000

Bild 2: Durchschnittliche Kaufpreise für Computer

Hardware-Ausrüstung	Anzahl/Leistung
Arbeitsspeicher	48 KB - 512 KB
Magnetplattenspeicher	10 MB - 200 MB
Bildschirmgeräte	1 - 16 Geräte
Drucker	Matrixdrucker, ca. 50-150 Zeichen/Sek. Zeilendrucker, ca. 8.000-36.000 Zeilen/Std.
Diskettengeräte	1 - 2 Geräte

Bild 3: Typische Hardwareausrüstung und Leistung eines MDT-Systems

2.2 Daten und Datenerfassung

Daten sind außerbetriebliche und innerbetriebliche Angaben über verschiedene Tatbestände wie beispielsweise Auftrags-, Lagerbestands-, Buchhaltungs- oder Produktionsdaten. Bei der maschinellen Datenverarbeitung werden sie eingegeben, zwischengespeichert, verarbeitet und ausgegeben.

Nach ihrer Art unterteilen wir die Daten in

- numerische Daten
  (= Ziffern von 0 bis 9)
- alphabetische Daten
  (= Buchstaben von A bis Z)
  und
- sonstige Daten
  (= Sonderzeichen wie z.B. Punkt, Komma oder Bindestrich).

Eine andere, weitaus wichtigere Unterteilung ist die nach ihrem Verwendungszweck. Hier unterscheiden wir

- Bewegungsdaten
  (= neue Geschäftsvorfälle wie beispielsweise Kundenaufträge, Zahlungseingänge, Lagerbewegungen oder Produktionsergebnisse, die bei Anfall erfaßt und in das MDT-System eingegeben werden)
- Stammdaten
  (= Daten, die über längere Zeit konstant bleiben wie beispielsweise Personal- und Kundenstammdaten und nur bei Bedarf geändert werden)
  und
- Bestandsdaten
  (= Daten, die wie die Stammdaten ständig auf Magnetplatten gespeichert sind, aber im Gegensatz zu diesen ständig fortgeschrieben werden; Beispiele sind Buchhaltungs- und Materialkonten).

Während also die Stamm- und Bestandsdaten ständig auf Datenträgern (vorwiegend Magnetplatten) in Form von sogenannten Dateien gespeichert sind, müssen die Bewegungsdaten vor jedem Arbeitsablauf in den Computer eingegeben werden. Zu den Bewegungsdaten im weiteren Sinne zählen auch die Änderungsdaten. Hierbei handelt es sich um Daten, mit deren Hilfe die gespeicherten Stammdaten geändert werden (Beispiele: ein neuer Rabatt im Kundenstammsatz, eine Anschriftenänderung im Personalstammsatz). Es sei ergänzt, daß natürlich zu Beginn der Datenverarbeitung auch die Stamm- und Bestandsdaten einmalig in den Computer eingegeben werden müssen (die Stamm- und Bestandsdaten werden "aufgebaut").

Unter dem Begriff "Datenerfassung" ist eine Kette von Vorgängen zusammengefaßt. Hierzu gehören

- die Überprüfung der Daten auf dem Erfassungsbeleg; zum Beispiel wird ein eingehender Kundenauftrag auf Vollständigkeit der Angaben überprüft
- die Ergänzung der Daten auf dem Erfassungsbeleg; zum Beispiel wird die Kunden-Nr. auf dem Auftrag nachgetragen
- die Übertragung der Daten auf einen Datenträger (bei MDT-Systemen in der Regel die Diskette) oder die direkte Eingabe der Daten vom Datenerfassungsbeleg über Bildschirmgerät in das MDT-System (eine Form der Datenerfassung, die bei der mittleren Datentechnik überwiegt).

Im Fall der Diskettenerfassung spricht man von unabhängiger Datenerfassung (engl. Off-Line-Datenerfassung), im Falle der Datenerfassung über Bildschirmgerät von abhängiger Datenerfassung (engl. On-Line-Datenerfassung) oder Direkteingabe. Andere Datenträger für die Erfassung und Eingabe können neben der im MDT-Bereich vorherrschenden Diskette auch die Lochkarte (sehr selten), der Lochstreifen (selten), das Magnetband (selten) oder die Magnetbandkassette (häufiger) sein. Disketten und Diskettengeräte dienen bei einigen Systemen (Beispiel IBM/34) nicht nur zur Datenerfassung und -eingabe, sondern auch, neben den Magnetplattenspeichern, als zusätzliche Speicher, vornehmlich zum Zweck der Datensicherung.

Die Bilder 4 und 5 zeigen die Arbeitsabläufe bei der Datenerfassung und -eingabe über Disketten und Bildschirmgeräte. Wie schon erwähnt erfolgt die Dateneingabe bei MDT-Systemen in der Regel über Bildschirmgeräte (engl. Terminals), um die Möglichkeit des Dialogverkehrs, also des Abrufs von Daten und Informationen aus dem System, zu nutzen, während Diskettengeräte vielfach zusätzlich eingesetzt werden, um aus Mengen- oder Sicherheitsgründen eine zusätzliche Erfassungsmöglichkeit zu besitzen und die Disketten für die Datensicherung einzusetzen. Die technischen Fragen bei Diskettengeräten und Terminals werden wir im Abschnitt "2.33 Die peripheren Geräte" behandeln.

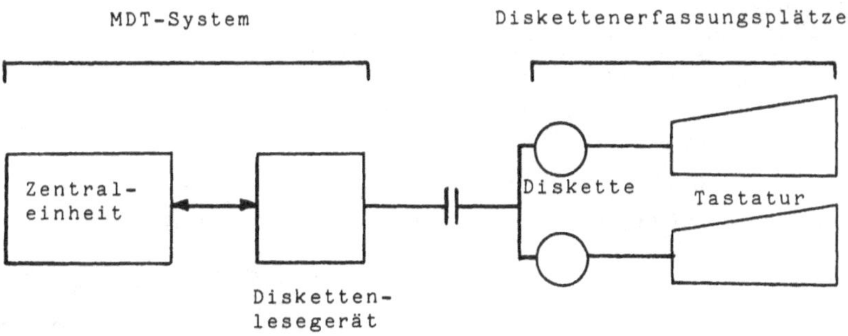

Bild 4: Unabhängige Datenerfassung über Disketten

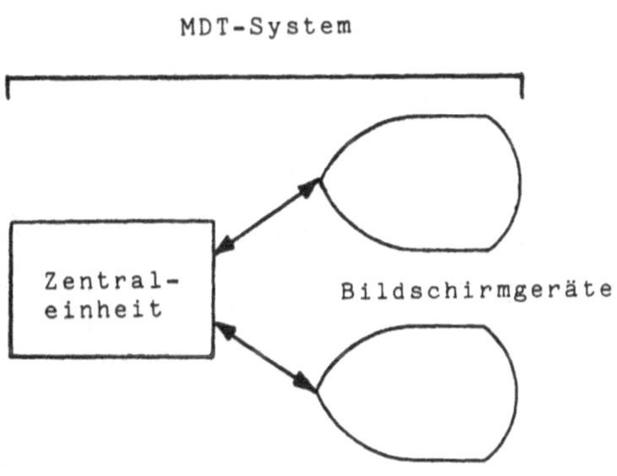

Bild 5: Abhängige Datenerfassung über Bildschirmgeräte (Direkt- oder Dialogeingabe)

2.3 Aufbau und Arbeitsweise eines MDT-Systems

2.31 *Gesamtaufbau*

Bild 6 zeigt den schematischen Gesamtaufbau eines MDT-Systems mit typischer Ausrüstung. Wie dargestellt umfaßt ein solches System

- die Zentraleinheit
  (engl. CPU = Central Processing Unit) mit Steuerwerk, Recheneinheit und Hauptspeicher
  und
- die peripheren Geräte (Randgeräte)
  üblicherweise Magnetplattenspeicher, Bildschirmgeräte und zentraler Drucker.

Zusätzliche periphere Geräte können Diskettengeräte, Magnetbandeinheiten und Magnetbandkassettengeräte sowie Einrichtungen für

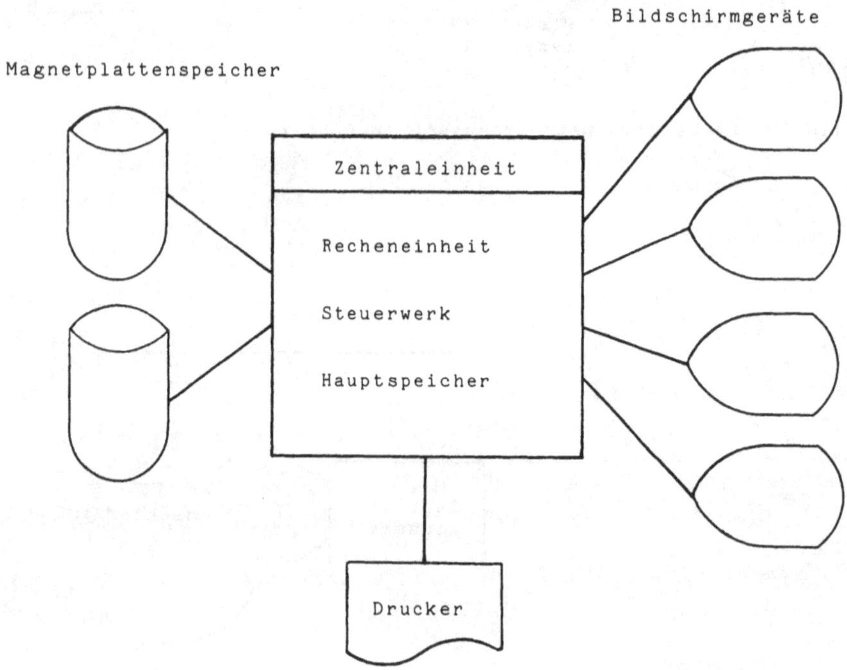

Bild 6: Aufbau eines MDT-Systems mit Zentraleinheit und peripheren Geräten

die Datenfernübertragung sein. Die Anzahl der einzelnen Geräte hängt vom Verwendungszweck und der Anzahl der einzugebenden, zu speichernden und auszugebenden Daten ab und wird nur durch obere Grenzen je System und Modell beschränkt. In Bild 7 ist das Foto eines MDT-Systems mit Zentraleinheit, integrierter Magnetplatteneinheit (auf dem Bild nicht erkennbar), Drucker (rechts im Bild) und zentralem Bildschirmgerät (sogenannter Masterbildschirm) dargestellt.

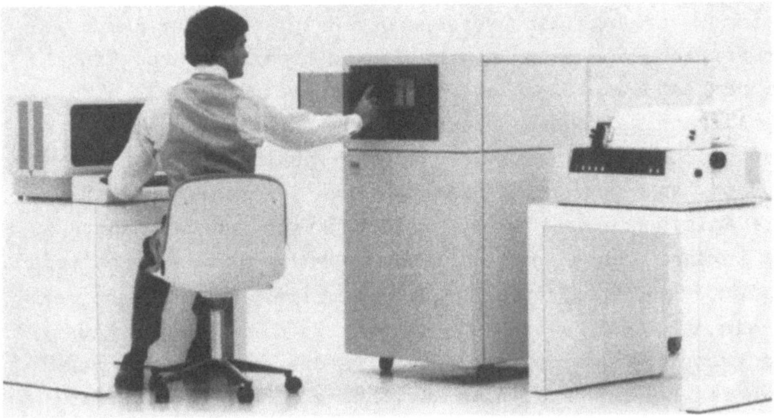

Bild 7: MDT-System IBM/34 (Werkbild IBM)

2.32 *Die Zentraleinheit*

Alle Geräte eines MDT-Systems sind zu einer Einheit zusammengefaßt, in deren Mittelpunkt die Zentraleinheit steht. Mit dem Steuerwerk, der Recheneinheit und dem Hauptspeicher (auch Arbeitsspeicher genannt) bildet die Zentraleinheit den hardwaretechnischen Mittelpunkt des Systems, von dem aus alle Arbeiten in der Maschine gesteuert und überwacht werden.

Das Steuerwerk

Das Steuerwerk eines MDT-Systems ist die wichtigste und zugleich komplizierteste Einheit. Es hat die Aufgabe, den Ablauf der Anlage aufgrund fest eingebauter Einrichtungen sowie nach Maßgabe der geladenen Programme zu steuern, zu überwachen und zu kontrollieren. Computer werden auch als programmgesteuerte Maschinen bezeichnet, weil sie - im Prinzip vergleichbar dem Jaquard-Webstuhl und dem elektrischen Klavier - in der Lage sind, umfangreiche Aufgaben nach vorgegebenen Programmen automatisch abzuwickeln.

Bei den Steuerfunktionen des Computers muß zwischen der Hardware- und Software-Steuerung unterschieden werden. Die Hardware-Steuerung ist vom Hersteller fest in der Anlage eingebaut. Sie dient dazu, eine störungsfreie Arbeit der Anlage zu gewährleisten, die einzelnen Geräte aufeinander abzustimmen und den Bediener auf bestimmte Vorgänge hinzuweisen. Die Hauptbedeutung kommt jedoch der Software-Steuerung mit Hilfe von Programmen zu. Ein Programm besteht aus einer Folge von Einzelschritten. Es wird für jede Aufgabe getrennt angefertigt und jeweils vor Ablauf in den Hauptspeicher der Anlage übertragen (das Programm wird geladen). Nach dem Start des Programms durch den Bediener überträgt die Anlage die erste Programminstruktion aus dem Hauptspeicher in das Steuerwerk, das dann, abhängig von der Art dieser Instruktion, den Ablauf steuert: das Steuerwerk stellt fest, um was für einen Befehl es sich handelt und wo die Daten im Hauptspeicher gespeichert sind, die mit Hilfe dieses Befehls verarbeitet werden sollen. Erst nach Ausführung eines Befehls wird die nächste Instruktion ins Steuerwerk geladen, interpretiert und ausgeführt - ein Vorgang der sich so oft wiederholt, bis der letzte Datensatz verarbeitet ist.

Zur Durchführung der Steuerungsaufgaben besitzt das Steuerwerk eine große Anzahl verschiedenartiger elektronischer Elemente, mit deren Hilfe sowohl die Hardware-Funktionen (Ablaufsteuerung, Kontrolloperationen) als auch die Programmfunktionen (der Programmablauf) gesteuert werden. Die Bilder 8 und 9 zeigen den Aufbau einer Programminstruktion und den Steuerungsablauf zwischen Arbeitsspeicher, Steuerwerk und Recheneinheit.

Die Recheneinheit

In der Recheneinheit, als zweiten Teil der Zentraleinheit, werden die arithmetischen und logischen Operationen durchgeführt. Arithmetische Operationen sind die Addition, die Subtraktion, die Multiplikation und die Division. Computer beherrschen im Grunde nur die Addition; alle anderen Rechenoperationen werden auf die

Operationscode	1. Operandenadresse	2. Operandenadresse

Beispiel:

ADD A,B

ADD = Operation oder Befehl (Addiere)

A = 1. Operandenadresse (Wo steht der 1. Operand im Arbeitsspeicher?)

B = 2. Operandenadresse (Wo steht der 2. Operand im Arbeitsspeicher?)

Bild 8: Aufbau einer Programminstruktion

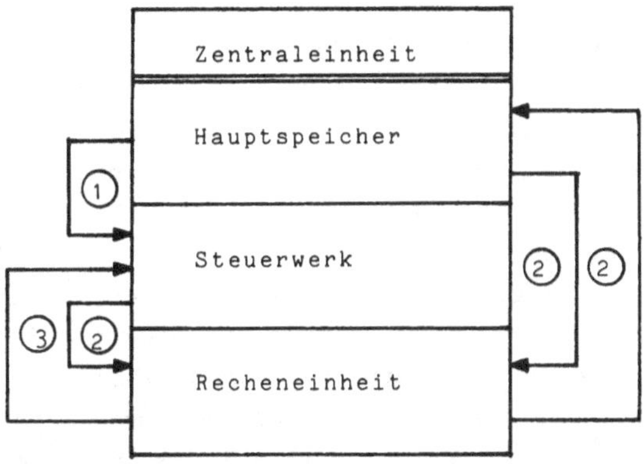

(1) Das Steuerwerk liest eine Instruktion aus dem Hauptspeicher und interpretiert sie (Welcher Befehl?, Wo stehen die zu verarbeitenden Daten?).

(2) Das Steuerwerk veranlaßt die Recheneinheit, sich die zu bearbeitenden Daten aus dem Hauptspeicher zu holen, sie entsprechend zu verarbeiten und das Ergebnis in den Hauptspeicher zurückzuübertragen.

(3) Die Recheneinheit meldet an das Steuerwerk die Ausführung der Operation; das Steuerwerk beginnt mit der nächsten Instruktion entsprechend (1).

Bild 9: Steuerungsablauf in der Zentraleinheit

Addition zurückgeführt wie beispielsweise die Subtraktion durch Addition der Komplementwerte. Demgegenüber dienen die logischen Operationen dem Größenvergleich zweier Werte. Solche Vergleichsentscheidungen (A gleich B, A größer B, A kleiner oder gleich B) werden benötigt, um unterschiedliche Programmzweige, in Abhängigkeit von bestimmten Bedingungen, durchlaufen zu können. Die Fähigkeit, logische Vergleiche und damit verbunden Programmverzweigungen durchführen zu können, muß als eine der wesentlichsten Eigenschaften für die Flexibilität eines Computers angesehen werden.

Die Hauptbestandteile der Recheneinheit sind elektronische Addierwerke (Akkumulatoren), Register und Einrichtungen für die Operationssteuerungen. Von der Art und Anzahl der elektronischen Addierwerke hängt die Geschwindigkeit einer Recheneinheit und damit die Leistungsfähigkeit einer Anlage in erheblichem Maße ab. Deshalb ist es wichtig, daß ein Computer nicht nur mit einfachen Addierwerken in Serienschaltung, sondern mit Parallel-Addierwerken ausgerüstet ist.

Mechanische Rechenmaschinen verwenden das dem Menschen vertraute Dezimal- oder Zehnersystem. Für jede Dezimalstelle ist ein Zählrad vorhanden, dessen Einteilung den zehn Ziffern von 0 bis 9 entspricht, weswegen das Zählrad auch als zehnwertiges Element bezeichnet wird. Bei der Addition wird das Zählrad in jeder Stelle um die entsprechende Anzahl von Einheiten nach vorn bewegt; ein auftretender Übertrag dreht das Zählrad der nächst höheren Dezimalstelle um eine Einheit weiter. Elektronische Elemente, wie sie Computer benutzen, sind dagegen immer "zweiwertig". Man kann sie mit einem Schalter vergleichen, der nur die beiden Stellungen EIN (Strom) und AUS (kein Strom) besitzt. Durch eine Elektronenröhre fließt entweder Strom oder kein Strom, und die Magnetisierung eines Magnetkerns erfolgt entweder links oder rechts herum. Eine dritte Möglichkeit gibt es nicht. Zweiwertige Bauelemente erschweren die Verwendung des uns bekannten Dezimalsystems, eignen sich jedoch ideal für die Benutzung des Zweiersystems, Binär- oder Dualsystem genannt, das dementsprechend nur die beiden Binärziffern 0 und 1 kennt. Auf einen elektronischen Leiter bezogen bedeutet dies, daß der Ziffer 0 die eine und der Ziffer 1 die andere Stromrichtung entspricht.

Jede Dezimalzahl (auf der Basis 10) läßt sich nun durch eine Binärzahl (auf der Basis 2) ausdrücken und umgekehrt. Allerdings werden beim binären Zahlensystem für die Darstellung einer Ziffer mehr elektronische Elemente benötigt als beim Dezimalsystem. Üblicherweise wird heute bei EDV-Anlagen eine binäre Darstellungsart benutzt, bei der jede Ziffer einer Dezimalzahl einzeln binär verschlüsselt wird. Mit Hilfe einer einfachen Tabelle, die innerhalb des Steuerwerks gespeichert ist, läßt sich jede beliebige Dezimalzahl in Binärzahlen und umgekehrt ausdrücken. Bild 10 zeigt die Darstellung der zehn Dezimalziffern von 0 bis 9 durch entsprechende Viererblocks (griechisch "Tetraden" genannt) im Binärzahlensystem. Die Stelle einer solchen Tetrade nennt man, nach dem englischen Wort Binary Digit, abgekürzt Bit. Wie dargestellt, läßt sich auch die Addition binärer Zahlen ohne Schwierigkeiten durchführen.

Binäre Verschlüsselung der Dezimalziffern

binärer Wert 8	4	2	1	Dezimalziffer
0	0	0	0	0
0	0	0	1	1
0	0	1	0	2
0	0	1	1	3 (1 + 2)
0	1	0	0	4
0	1	0	1	5 (1 + 4)
0	1	1	0	6 (2 + 4)
0	1	1	1	7 (1 + 2 + 4)
1	0	0	0	8
1	0	0	1	9 (1 + 8)

Binäre Darstellung der Dezimalzahl 4711:

0100 0111 0001 0001
4 7 1 1

Jede Dezimalziffer besteht aus 4 Bits (= 1 Tetrade)

Addition im Binärsystem

Additionsregel

0 + 0 → 0 (Null plus Null ergibt Null)
0 + 1 → 1 (Null plus Eins ergibt Eins)
1 + 0 → 1 (Eins plus Null ergibt Eins)
1 + 1 → 10 (Eins plus Eins ergibt Null und eine Eins als Übertrag)

Beispiel binäre Addition: Addiere 26 + 31 = 57

```
 0010  0110
+0011  0001
=0101  0111
   5     7
```

Bild 10: Binärzahlen und binäres Rechnen

Der Hauptspeicher (oder Arbeitsspeicher)

Der interne Hauptspeicher einer Zentraleinheit dient dazu,

- Daten und Programme von den Eingabegeräten und externen Speichern aufzunehmen

- Daten an die Ausgabegeräte und externen Speicher abzugeben

- Daten für die Verarbeitung bereitzustellen und Ergebnisse zwischenzuspeichern und

- Programme für die jeweils ablaufenden Verarbeitungen zeitweilig aufzunehmen.

Unter der Kapazität eines Hauptspeichers versteht man seine höchstmögliche Aufnahmefähigkeit. Sie wird heute überwiegend in Kilo-Byte angegeben, wobei 1 KB = 1000 Bytes umfaßt. Es sei hinzugefügt, daß in einem Byte entweder ein Buchstabe oder ein Sonderzeichen oder zwei Ziffern gespeichert werden können. Weitere Merkmale eines Hauptspeichers sind seine Zyklus- und Zugriffszeit. Unter der Zykluszeit wird diejenige Zeit verstanden, die der Speicher für einen kompletten Schreib- oder Lesevorgang benötigt. Demgegenüber bezeichnet die Zugriffszeit die Zeitspanne, die die Anlage braucht, um einen binären Wert vom Hauptspeicher zum Schreib-/ Leseregister zu übertragen. Sie liegt bei modernen Anlagen im Bereich einiger Nanosekunden (1 Nanosekunde = 1/1.000.000.000 Sekunde). Die Übertragung von Daten in den Hauptspeicher wird als Speichern oder Schreiben bezeichnet, das Abrufen vom Speicher als Lesen. Hierbei ist zu beachten, daß Daten, die aus dem Speicher abgerufen werden, dort unverändert erhalten bleiben. Nur der Inhalt des aufnehmenden Speicherplatzes wird gelöscht und durch die neuen Daten ersetzt. Dies gilt grundsätzlich für alle heutigen Speichereinrichtungen genauso wie die Tatsache, daß ein Speicher seinen Inhalt bei Stromausfall oder -unterbrechung nicht verliert.

Um ein Zeichen (Ziffer, Buchstabe oder Sonderzeichen) zu einem bestimmten Platz im Arbeitsspeicher übertragen und dort abrufen zu können, müssen die Speicherplätze Nummern (in der Fachsprache Adressen genannt) tragen. Üblicherweise werden die Speicherplätze durch fortlaufende numerische Adressen gekennzeichnet, die das Steuerwerk natürlich kennt (die Adressen sind fest verdrahtet). Die Adressen eines Speichers dürfen jedoch nicht mit ihrem Inhalt verwechselt werden. Man kann einen Speicher mit den Schließfächern eines Postamtes vergleichen: jedes Fach ist durch eine fortlaufende Nummer (Adresse) gekennzeichnet, die jedoch nichts über seinen jeweiligen Inhalt aussagt; das Fach kann leer sein oder Briefe, Zeitungen, Drucksachen oder Päckchen enthalten. Der Inhalt einer Speicheradresse kann ebenfalls leer oder mit einem Zeichen belegt sein. Üblicherweise besitzt jede Speicherstelle für die Aufnahme eines Bytes (= 1 Buchstabe, 1 Sonderzeichen oder 2 Ziffern) eine eigene Adresse.

2.33 *Die peripheren Geräte*

Wie in Bild 6 dargestellt, besteht der Aufbau eines MDT-Systems aus der Zentraleinheit und den peripheren Geräten. Typische periphere Geräte eines MDT-Systems sind

- Bildschirmgeräte
  für die Eingabe von Bewegungs- und Änderungsdaten sowie die Abrufe von Daten und Informationen

- Drucker
  für die Ausgabe der Verarbeitungsergebnisse in gedruckter Form auf Endlospapier

- Magnetplattenspeicher
  für die Speicherung der Stamm- und Bestandsdaten als auch der Programme.

Ist das MDT-System mit Festplattenspeichern ausgerüstet (die Magnetplatten sind fest mit den Laufwerken verbunden), so kommen Diskettengeräte dazu. Andere, bei MDT-Systemen seltener zu findende periphere Geräte sind Magnetbandeinheiten, Magnetbandkassettengeräte und Lochstreifenleser sowie Einrichtungen für die Datenfernübertragung.

Bildschirmgeräte

Bildschirmgeräte sind die vielseitigsten und gebräuchlichsten Datenstationen für den Dialogverkehr. Sie dienen, meist über lokale Datenkanäle mit dem MDT-System gekoppelt, sowohl zur Eingabe von Steuerungsanweisungen und Daten als auch für die Auskunft von Informationen direkt aus dem Hauptspeicher der Zentraleinheit. Neue Geschäftsvorfälle können sofort und am Ort ihrer Entstehung in die Anlage eingegeben, dort nach Maßgabe der Programme verarbeitet und als Ergebnisse dem Empfänger mitgeteilt werden.

Die Anwendungsbereiche der Bildschirmgeräte reichen von der Dateneingabe über Buchungsstationen für Verkehrsgesellschaften bis hin zu computergestützten Planungs- und Informationssystemen.

Bildschirmgeräte bestehen aus einer Schreib-/ Bedienungstastatur und einem Bildschirm für die Daten- und Informationsausgabe. Sie sind an einer Steuereinheit angeschlossen, die mehrere Bildschirmgeräte versorgen kann und die einen Eingabepuffer, einen Codeumwandler und einen Ausgabepuffer besitzt. Bildschirmgeräte gestatten je nach Typ die gleichzeitige Darstellung von etwa 2.000 gut lesbaren und blendfreien Zeichen. Alle eingegebenen Daten und Anweisungen erscheinen sofort auf dem Bildschirm und werden erst zur Übertragung in die Zentraleinheit freigegeben, wenn der Bediener die entsprechende Funktionstaste drückt. Die von der Anlage übertragenen Antworten und Auskünfte können beliebig lange auf dem Bildschirm festgehalten werden. Daneben dienen manche Bildschirmgeräte auch zur Darstellung von Kurven und technischen Zeichnungen. Eine Einrichtung in speziellen Bildschirmgeräten gestattet die Korrektur von Daten oder Zeichnungen mit Hilfe besonderer Tasten oder eines Lichtgriffels, wodurch einzelne Zeichen, Worte oder ganze Zeilen gelöscht und korrigiert werden können. In denjenigen Fällen, in denen keine Belege benötigt werden, sind Bildschirmgeräte preiswerte und vielseitig verwendbare Dialoggeräte. Aber selbst dort, wo in Einzelfällen auf einen Beleg nicht verzichtet werden kann, lassen sich Bildschirmgeräte mit angeschlossenen Schreibmaschinen oder Druckern ausstatten bzw. kann die Belegausgabe nach der Eingabe über den Drucker der Anlage selbst erfolgen. Bild 11 zeigt das Foto eines Bildschirmgerätes.

Bild 11: Bildschirmgerät mit getrennter Tastatur (Werkbild Nixdorf)

Drucker

Für MDT-Systeme stehen bei den meisten Herstellern zwei unterschiedliche Druckertypen zur Verfügung, und zwar

- Zeichendrucker
  Merkmale: Nadel- oder Matrixdrucker mit einer Leistung von 100 - 250 Zeichen je Sekunde (entspricht etwa 3.000 - 5.000 Zeilen je Stunde) für verhältnismäßig geringe Ausgabemengen

- Zeilendrucker (Schnelldrucker)
  Merkmale: Kettendrucker mit einer Leistung je nach Typ von 8.000 - 36.000 Zeilen je Stunde für verhältnismäßig hohe Ausgabemengen.

Sofern die Druckausgabe nicht allein zentral im Rechenzentrum erfolgen soll (Beispiel: Drucken der Lieferscheine im Versand), können auch mehrere Drucker und verschiedene Druckertypen angeschlossen werden (Beispiel: Zeilendrucker im Rechenzentrum und Zeichendrucker in der Fachabteilung). Die Bilder 12 und 13 zeigen einen Zeichendrucker und einen Zeilendrucker.

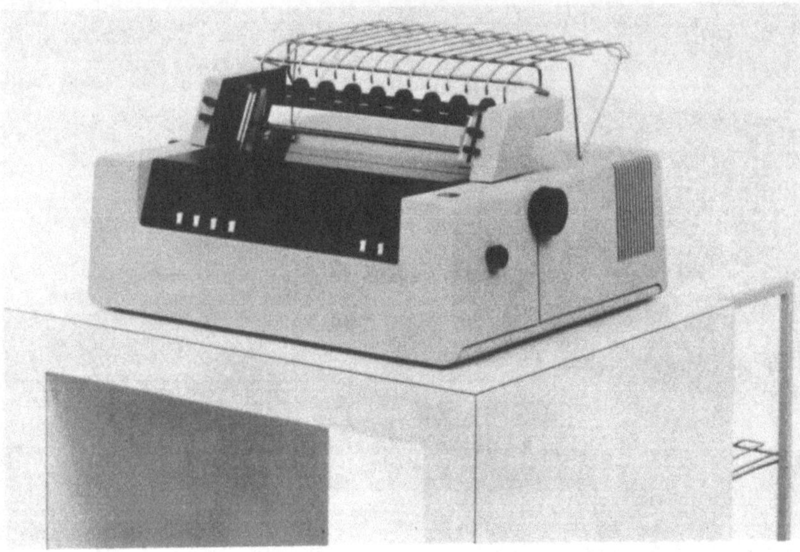

Bild 12: Zeichendrucker IBM 5256 (Werkbild IBM)

Bild 13: Zeilendrucker IBM 5211 (Werkbild IBM)

Magnetplattenspeicher

Der (überwiegend verwendete) wechselbare Magnetplattenspeicher besitzt, vergleichbar mit einem Mehrfachplattenspieler, eine Reihe von übereinandergestapelten Platten. Ein Magnetplattenstapel hat beispielsweise 6 Platten, deren 10 Plattenflächen für die Speicherung benutzt werden, während die oberste und unterste Plattenseite an die Schutzplatte grenzen und deshalb keine Daten aufnehmen können. Jede Plattenfläche besitzt (bei dem angenommenen Typ) 200 konzentrische Spuren, der Speicher also insgesamt 2.000 Spuren mit insgesamt 28 Mio. Bytes, wobei je Byte ein Buchstabe, ein Sonderzeichen oder zwei Ziffern gespeichert werden können. Die Kapazität der Plattenspeicherung ist nahezu unbegrenzt, weil an ein System mehrere Plattenspeichereinheiten angeschlossen werden können und die Plattenstapel innerhalb einer Einheit beliebig auswechselbar sind. Da die Speicherdichte von Spur zu Spur nach innen zunimmt, können in jeder Spur die gleiche Anzahl Bytes gespeichert werden. Ein Magnetplattenspeicher hat üblicherweise mehrere Zugriffsarme (je einen für jeden Plattenzwischenraum), die, zu einem festen Zugriffsblock zusammengefaßt, kammartig zwischen die Platten greifen. Jeder Zugriffsarm ist mit zwei Schreib-/Leseköpfen ausgerüstet, wie in Bild 14 dargestellt. Der Zugriffsmechanismus kann nur insgesamt eingestellt werden: alle Arme bewegen sich wie ein Kamm gleichzeitig, so daß sich mit einer einzigen Einstellung des Zugriffsarms die jeweils übereinanderliegenden Spuren aller Plattenseiten gleichzeitig im Zugriff befinden - ein Vorgang, den man als Zylinderzugriff bezeichnet. Durch den vielfachen Zugriffsmechanismus in Verbindung mit der zylinderförmigen Speicherung und der Adressierung der Daten (je Spur, je Zylinder und je Plattenspeicher) ergeben sich verhältnismäßig kurze Zugriffszeiten zu den gewünschten Datensätzen. Das Schreiben und Lesen selbst erfolgt mit Hilfe einer kleinen Schreib-/Lesespule. Der Plattenstapel rotiert mit einer gleichbleibenden Geschwindigkeit von beispielsweise 2.400 Umdrehungen je Minute. Die Zugriffszeit hängt von der jeweiligen Stellung des Zugriffskamms zur gewünschten Spur ab und liegt etwa zwischen 10 und 100 Millisekunden. Die Bilder 15 und 16 zeigen eine Magnetplatte und ein Magnetplattenlaufwerk.

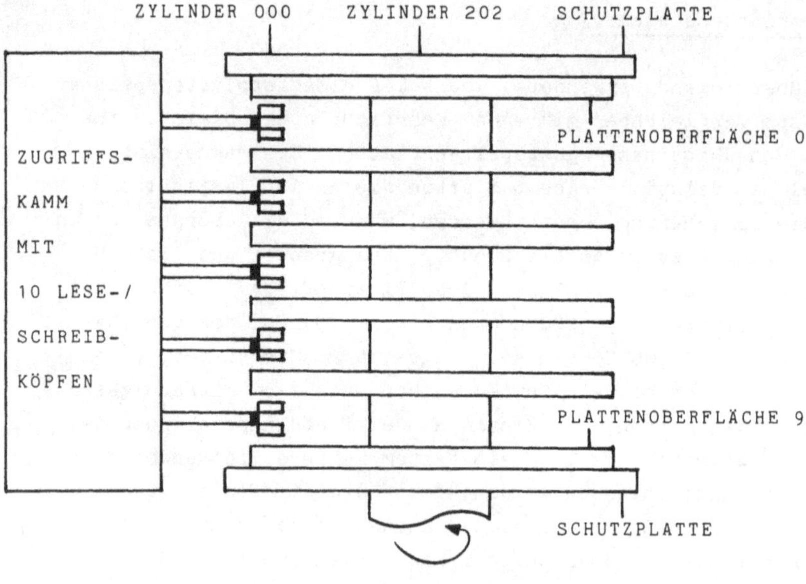

Bild 14: Zugriffsarm mit Schreib-/Leseköpfen (Werkbild IBM)

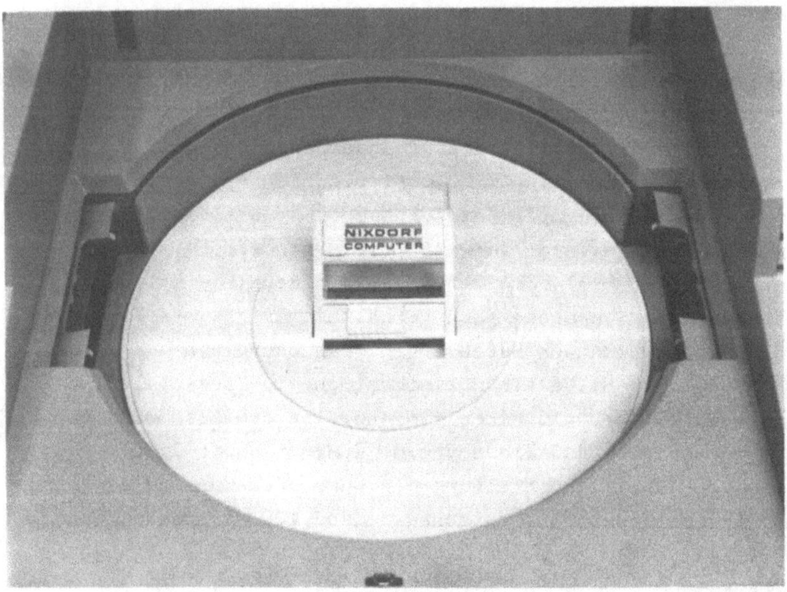

Bild 15: Magnetplatte, in der Speichereinheit eingesetzt
(Werkbild Nixdorf)

Bild 16: Magnetplattenlaufwerk, aufgeklappt (Werkbild Nixdorf)

Diskettengeräte

Disketten (von manchen Herstellern auch Floppy Disks genannt) sind kleine Metallscheiben (ähnlich den Magnetplatten, aber vom Material her labiler und mit weitaus geringerer Kapazität als diese), auf denen die Daten gespeichert werden. Sie sind leicht zu handhaben, besitzen eine Aufnahmefähigkeit von 256.000 Bytes je Diskette und können einfach gelagert oder versandt werden. Ihre Verwendung reicht von auswechselbaren Zusatzspeichern für die Datensicherung (Beispiel: IBM/34, wo die Disketten die Sicherungsfunktion der Festplattenspeicher übernehmen) bis hin zur Datenerfassung, die beim Einsatz von Diskettengeräten entkoppelt vom Computer (engl. off-line) erfolgt. Diese Off-Line-Datenerfassung mit Hilfe von Diskettengeräten hat den Vorteil, daß sie unabhängig vom Computer arbeitet und deshalb unanfällig gegenüber Störungen des Computers ist. Ihr Nachteil besteht darin, daß der Computer keine Hilfestellung bei der Erfassung geben kann und kein Dialogverkehr möglich ist, weswegen Diskettengeräte in der Regel nur als Zusatzgeräte (neben Bildschirmgeräten) für die Datenerfassung dienen. Die Bilder 17 und 18 zeigen eine Diskette und ein Diskettengerät.

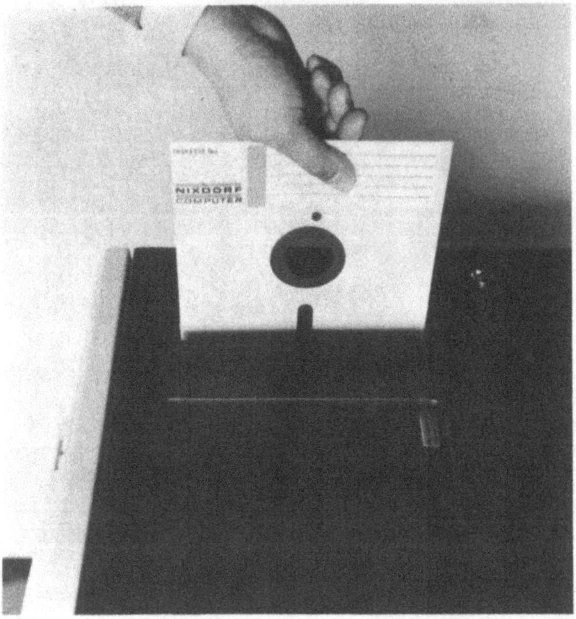

Bild 17: Diskette (oben) (Werkbild Nixdorf)

Bild 18: Diskettengerät mit Magazinen (= mehrere Disketten zusammengefaßt) (Werkbild IBM)

2.4 Die Software eines MDT-Systems

2.41 *Einleitung und Übersicht*

Wie aus der Darstellung in Bild 19 hervorgeht, wird die Gesamtheit aller Programme (engl. Software) in die Systemsoftware und die Anwendungssoftware unterteilt.

Während das Betriebssystem, als Hauptbestandteil der Systemsoftware, vornehmlich zur Steuerung des Betriebsablaufs eines MDT-Systems dient, umfassen die Arbeitsprogramme alle Programme, die man zur Abwicklung allgemeiner Arbeiten (anwender- und anwen-

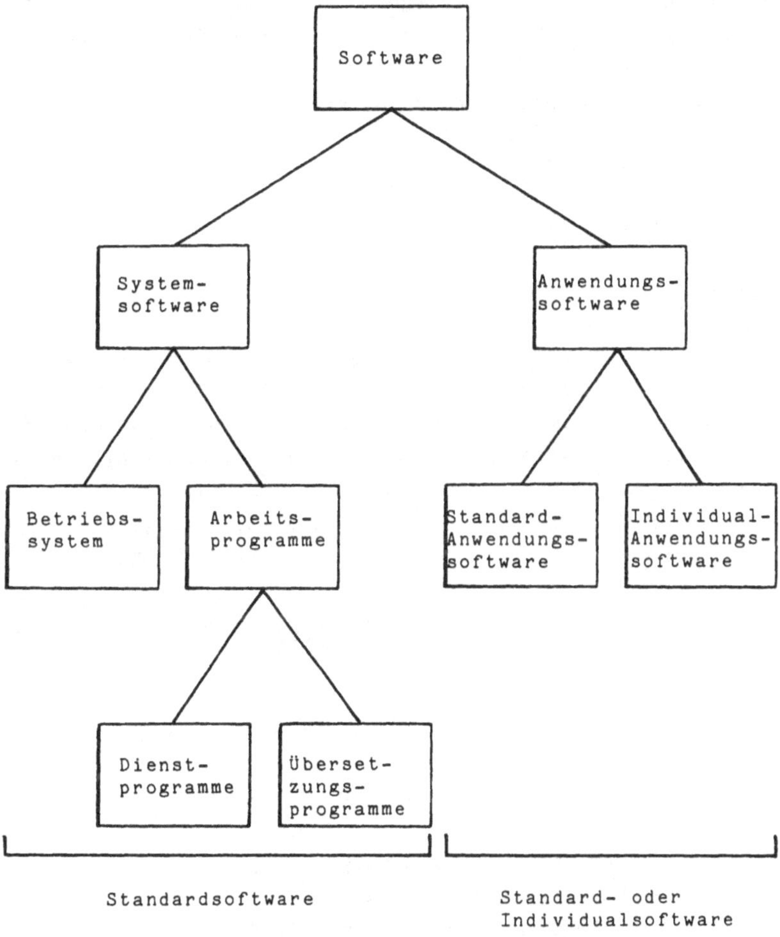

Bild 19: Übersicht über die Software eines MDT-Systems

dungsunabhängig) benötigt. Sie werden weiter gegliedert in die Dienstprogramme, mit deren Hilfe zum Beispiel Datensätze sortiert, Daten zur Sicherung dupliziert und Programmierungsarbeiten unterstützt werden. Übersetzungsprogramme, als zweite Gruppe der Arbeitsprogramme, haben die Aufgabe, die vom Programmierer in einer symbolhaft-einfachen Programmiersprache erstellten Quellenprogramme in die sogenannten Objektprogramme der Computersprache umzuwandeln.

Unter der Anwendungssoftware hingegen versteht man die Summe aller Programme, die der Abwicklung der EDV-Aufgaben eines Unternehmens dient. Diese Programme werden entweder von Programmierern für das Unternehmen und die Aufgabe individuell gefertigt, oder - was beim Einsatz von MDT-Systemen überwiegt - als Standard-Anwendungssoftware vom Hersteller des MDT-Systems oder einem unabhängigen Softwarehaus zur Verfügung gestellt (gemietet, meist gekauft).

2.42 *Die Systemsoftware*

Betriebssystem

Das Betriebssystem umfaßt den gesamten Programmkomplex, der den Betrieb eines MDT-Systems steuert und die Abwicklung der Arbeits- und Anwendungsprogramme ermöglicht. Darüber hinaus steuert das Betriebssystem den sogenannten Mehrprogrammbetrieb (engl. Multiprogramming), bei dem mehrere Programme (bei MDT-Systemen bis zu 5 Programme gleichzeitig) überlappt ablaufen, was die Wirtschaftlichkeit und Nutzung eines Computers beachtlich erhöht.

Die Hauptfunktionen eines Betriebssystems erstrecken sich im einzelnen auf

- die Steuerung des Hardware-Gesamtablaufs (= Ablaufsteuerung)
- die Steuerung und Kontrolle der Anwenderprogramme (= Jobsteuerung)
- die Steuerung der Ein- und Ausgabevorgänge (= Ein-/Ausgabesteuerung) und
- die Kommunikation mit den Maschinenbedienern (= Operatorsteuerung).

Nicht nur bei großen EDV-Anlagen, sondern auch bei MDT-Systemen sind Qualität und Effizienz des eingesetzten Betriebssystems von großer Bedeutung für die Wirtschaftlichkeit und Produktivität des gesamten MDT-Systems. Dies gilt insbesondere für den Ablauf des Dialogverkehrs (überlapptes Arbeiten mehrerer Bildschirmgeräte).

Dienstprogramme

Die Dienstprogramme (engl. Utilities) bieten den Bedienern eine wirksame Unterstützung und Erleichterung bei der Bedienung und Handhabung des MDT-Systems, weswegen bei der Auswahl eines MDT-Systems ganz besonders auf die Art und Wirksamkeit der angebotenen Dienstprogramme geachtet werden muß. Beispiele für Dienstprogramme sind

- Programme zum Sortieren und Mischen von Daten
- Hilfsprogramme für die einfache Erzeugung von Bildschirmmasken und Listbildern
- Programme zum Duplizieren von Daten von einem auf einen anderen Datenträger (Beispiel: Datensicherung von Magnetplatten auf Disketten)
- Datenverwaltungsprogramme zur Verwaltung und Pflege von Stammdaten
- Testhilfsprogramme, die den Programmierern das Austesten von Programmen erleichtern.

Übersetzungsprogramme und Programmiersprachen

Übersetzungsprogramme haben die Aufgabe, die vom Programmierer in symbolischer Schreibweise erstellten Programme in die echte Maschinensprache zu übersetzen, d.h. die Quellen- in die Objektprogramme umzuwandeln. Die Übersetzungsprogramme sind innerhalb der Programmbibliothek gespeichert und können mit Hilfe von Steuercodes in den Hauptspeicher geladen und dort gestartet werden. Üblicherweise bietet die Systemsoftware eines Herstellers Übersetzungsprogramme als Assembler, Compiler, Generatoren und Interpreter (je nach angebotenen Programmiersprachen).

Die Maschinensprache eines Computers lehnt sich, wie schon aus dem Namen hervorgeht, eng an den Aufbau und die Arbeitsweise einer bestimmten Anlage an, die nur "ihre Maschinensprache" versteht. In der Maschinensprache wird mit Ziffern- und Buchstabencodes gearbeitet, und alle Adressen des Hauptspeichers müssen mit ihrer genauen Numerierung benannt werden. In den Anfängen der EDV mußten die Programme im internen Code, d.h. in der Maschinensprache, abgefaßt werden. Diese Codes werden, wie erwähnt, von der jeweiligen Rechenanlage bestimmt.

Um den Programmierern nun die Arbeit zu erleichtern, hat man schon seit langem spezielle symbolische Programmiersprachen geschaffen, die der menschlichen Denk- und Arbeitsweise weitaus besser angepaßt sind als eine Maschinensprache. Die Programmiersprachen werden deshalb als symbolische Sprachen bezeichnet, weil sie anstelle der echten Maschinenbefehle und Speicheradressen mit symbolischen Befehlsschlüsseln und Adressnamen arbeiten. Es sei nochmals hervorgehoben, daß ein in einer symbolischen Programmiersprache geschriebenes Programm als Quellenprogramm, das übersetzte oder umgewandelte Maschinenprogramm als Objektprogramm bezeichnet wird.

Die erste und zugleich älteste Gruppe der Programmiersprachen sind die maschinenabhängigen Programmiersprachen, auch als ASSEMBLER bezeichnet; sie beinhalten die symbolische Schreibweise für Operationscode und Operanden. Da jedoch ASSEMBLER als Programmiersprachen zu aufwendig, schwer erlernbar und zudem maschinengebunden sind (bei ASSEMBLER-Sprachen gibt es keine Programmkompabilität zwischen verschiedenen Computertypen), ging die Entwicklung zu maschinenunabhängigen, problemorientierten Programmiersprachen. So verbreiteten sich bereits Anfang der sechziger Jahre die maschinenunabhängigen Programmiersprachen mit dem Ziel, Programme aus bestimmten Anwendungsbereichen, unabhängig von einer bestimmten Rechenanlage, abzufassen.

Zunächst haben sich zwei Gruppen dieser Programmiersprachen herausgebildet:

- Programmiersprachen, die hauptsächlich für wissenschaftliche Problemlösungen benutzt werden (ALGOL, FORTRAN)

- Programmiersprachen, die hauptsächlich für kommerzielle Problemlösungen benutzt werden (COBOL, PL/1, RPG).

Diese Programmiersprachen wurden jedoch in erster Linie für die Stapelverarbeitung (engl. Batch-Betrieb) entwickelt, nicht jedoch speziell für den Dialogverkehr (engl. On-Line-Betrieb).
Da aber der Dialogverkehr immer wichtiger wird, hat man sich frühzeitig um die Entwicklung dialogfähiger Programmiersprachen bemüht. Auch hier wurde ein ähnlicher Weg wie bei den obengenannten Programmiersprachen beschritten: APL (A Programming Language) ist eine mit einer neuen Formulierungstechnik konzipierte Sprache, die eine sehr einfache Lösung von technisch-wissenschaftlichen und administrativen Problemstellungen zuläßt. BASIC (Beginners All-Purpose Symbolic Instruktion Code) wurde ursprünglich als Hilfsmittel für den Programmierunterricht entwickelt.
Da man jedoch bald die Vorzüge dieser Programmiersprache erkannte, wurde sie sehr populär und erheblich weiterentwickelt.

Vorteile dieser Dialogsprachen sind:

- Das Programm muß nicht abgelocht und zum Rechner gebracht werden, sondern die Eingabe erfolgt über ein Bildschirmgerät.

- Syntaxprüfung, d.h. jeder Befehl wird sofort nach der Eingabe vollständig auf Format, Interpunktion und Syntax geprüft und bei festgestellten Fehlern zurückgewiesen.

- Voll interaktive Prüfung, d.h. die Möglichkeit, jede Anweisung sofort nach der Eingabe ausführen zu lassen und die Testergebnisse zu überprüfen. Festgestellte Fehler werden sofort durch Änderung der entsprechenden Befehlsfolgen bereinigt, wobei alle sich daraus ergebenden formalen Folgen automatisch berücksichtigt werden.

Bild 20 zeigt eine Übersicht über die Programmiersprachen, und in Bild 21 sind Vergleiche der einzelnen Programmiersprachen dargestellt.

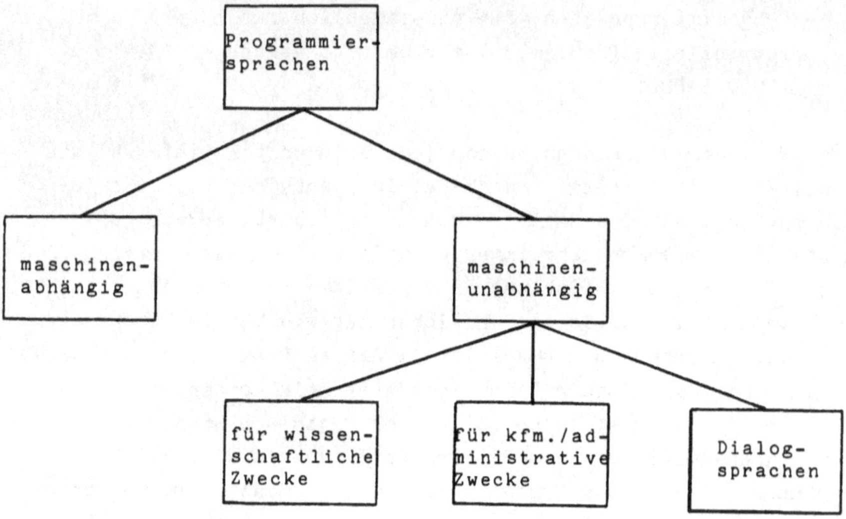

Assembler	Compiler	Compiler/Generator	Interpreter
ASSEMBLER AUTOCODER	ALGOL FORTRAN	COBOL PL/1 RPG	APL BASIC
Stapelverarbeitung			Dialogverkehr

Anmerkung: Bei MDT-Systemen herrschen die Programmiersprachen (in der Reihenfolge) BASIC, RPG und COBOL vor.

Bild 20: Übersicht Programmiersprachen

Programmiersprache / Auswirkung auf	ASSEMBLER	RPG	COBOL	PL/1
1. Programmieraufwand	100%	99%	44%	24%
2. Laufzeit	100%	379%	154%	250%
3. Speicherbedarf	100%	107%	152%	181%

Quelle: BIFOA, Betriebswirtschaftliches Institut für Organisation und Automation an der Universität zu Köln.

Sprache	Komplexitätsgrad der Programme							
	einfach		komplex			sehr komplex		
	absolut	% v. 2	absolut	% v. 4	% v. 2	absolut	% v. 7	% v. 2
1	2	3	4	5	6	7	8	9
ASSEMBLER	17	100	27	100	159	37	100	218
COBOL	8	47	13	48	163	27	73	338
PL/1	3,5	21	11	41	314	24	65	685
FORTRAN	6	35	9	33	150	21	57	350
RPG	2	12	6	22	300	13	35	650
BASIC	2	12	5	19	250	11	29	550

Programmieraufwand typischer Probleme in Manntagen absolut und in Prozentzahlen

Quelle: Auerbach-Corporation, USA

Bild 21: Programmiersprachen-Vergleich

2.43 *Standard- oder Individual-Anwendungssoftware?*

Während Systemsoftware in der Regel vom Hersteller vorgefertigte Standard-Software ist, wurde und wird bei größeren EDV-Anwendern die Anwendungssoftware vorwiegend individuell durch eigene Programmierer erstellt.

Beim Einsatz von MDT-Systemen hat sich im Bereich der Anwendungssoftware in den letzten Jahren ein erheblicher Wandel vollzogen. Der Einsatz solcher Systeme für vielfältige Aufgaben ist wirtschaftlich kaum zu rechtfertigen, wenn die Programm individuell und mit erheblichem Aufwand hergestellt werden. So wäre es beispielsweise unwirtschaftlich, einen Computer für 100 oder 150 TDM zu kaufen und für die Ausarbeitung der Software noch einmal 200 bis 300 TDM aufzuwenden.Abgesehen vom Einsatz für wenige Einzelaufgaben muß deshalb davon ausgegangen werden, daß ein solcher Computer nur wirtschaftlich verwendbar ist, wenn mindestens 60 bis 80 % der EDV-Abwicklungen mit Hilfe von Standard-Anwendungssoftware abgedeckt werden.

Vorteile solcher Standard-Programmpakete für Anwendungen sind, daß sie

- erheblich billiger sind als individuell gefertigte Programme
- zeitlich schneller verfügbar sind, da sie bereits auf dem Markt angeboten werden
- vielfach praxiserprobt sind und in der Regel eine bessere Qualität aufweisen
- von einigen MDT-Herstellern in Form integrierter Programmpakete für umfassende Anwendungen (Beispiele: MAS-Paket von IBM und COMET-Paket von Nixdorf) angeboten werden.

Nachteile vorgefertigter Standard-Programmpakete sind die im Einzelfall möglicherweise ungenügende Qualität, die erforderliche Anpassung an betriebsindividuelle Belange (die unter Umständen sehr teuer werden kann), der teilweise notwendige Zuschnitt der betrieblichen Organisation auf das Programmpaket und die möglicherweise schlechte Integrationsfähigkeit in den gesamten Ablauf- und Programmkomplex.

Auf die besondere Problematik und Sorgfalt bei der Auswahl und beim Einsatz von Standard-Anwendungssoftware wollen wir im Kapitel "3.34 Probleme beim Einsatz von Anwendungssoftware" eingehen.

2.44 *Programmaufbau und Programmsteuerung*

Ein Computerprogramm ist eine genau definierte Arbeitsanweisung an den Computer zur Durchführung einer bestimmten Aufgabe. Es legt die Art und Reihenfolge der vom System auszuführenden Operationen und der anzusprechenden oder zu verarbeitenden Operanden fest. Jedes Programm wird in einzelne Arbeitsschritte unterteilt, Arbeitsanweisungen oder Instruktionen genannt. Diese Instruktionen lösen dann die fest im Steuerwerk der Zentraleinheit eingebauten Elementaroperationen aus, wie beispielsweise das Einlesen eines Datensatzes vom Bildschirmgerät in den Hauptspeicher, die Addition zweier Zahlen in der Recheneinheit oder das Durchlaufen eines bestimmten Programmteils aufgrund einer vorher geprüften Bedingung (Beispiel: Verzweige in das Unterprogramm "Überstundenabrechnung", wenn Kennzeichen "Überstunden" im Eingabesatz vorhanden). Wie aus dem bereits dargestellten Bild 8 hervorgeht, besteht eine einzelne Computerinstruktion aus dem Operationsteil (Welcher Befehl ist auszuführen?) und dem Adreßteil (In welchen Adressen des Hauptspeichers stehen die Operanden, die mit Hilfe dieser Instruktion zu verarbeiten sind?).

Wie aber funktioniert die Programmsteuerung, das heißt der Ablauf eines Programms im Computer? Erinnern wir uns zunächst, daß jedes Programm nach der Fertigung durch den Programmierer von der symbolischen Programmiersprache in die Maschinensprache übersetzt (umgewandelt) werden muß: aus dem Quellenprogramm entsteht das computerorientierte Objektprogramm, mit dem allein die Anlage arbeiten kann. Alle Objektprogramme, also alle Programme des Unternehmens im Maschinencode, sind auf einer Magnetplatte gespeichert, Programmbibliothek genannt.

Jeweils vor Beginn eines Arbeitsablaufs muß nun das benötigte Programm (beispielsweise für die Gehaltsabrechnung) aus der Programmbibliothek auf der Magnetplatte in den Hauptspeicher der Zentraleinheit übertragen werden (das Programm wird "geladen"). Da Steuereinheit, Recheneinheit und Hauptspeicher im Gegensatz zum Magnetplattenspeicher sehr schnell sind, wäre der Zugriff zu einzelnen Instruktionen auf der Magnetplatte viel zu langsam. Aus diesem Grunde muß das gesamte Programm vor Beginn der Arbeit im Hauptspeicher vorhanden sein.

Der Programmablauf selbst vollzieht sich nun in der Weise, daß jede Instruktion einzeln und nacheinander vom Hauptspeicher in das Steuerwerk übertragen, dort interpretiert (Um welchen Befehl handelt es sich?) und ausgeführt wird. Computer werden deshalb auch programmgesteuerte Maschinen genannt, weil sie in der Lage sind, umfangreiche Aufgaben nach vorgegebenen Programmen selbsttätig und selbstkontrollierend durchzuführen.

Bild 22 zeigt den Ladevorgang und Bild 23 den Ablauf eines Programms.

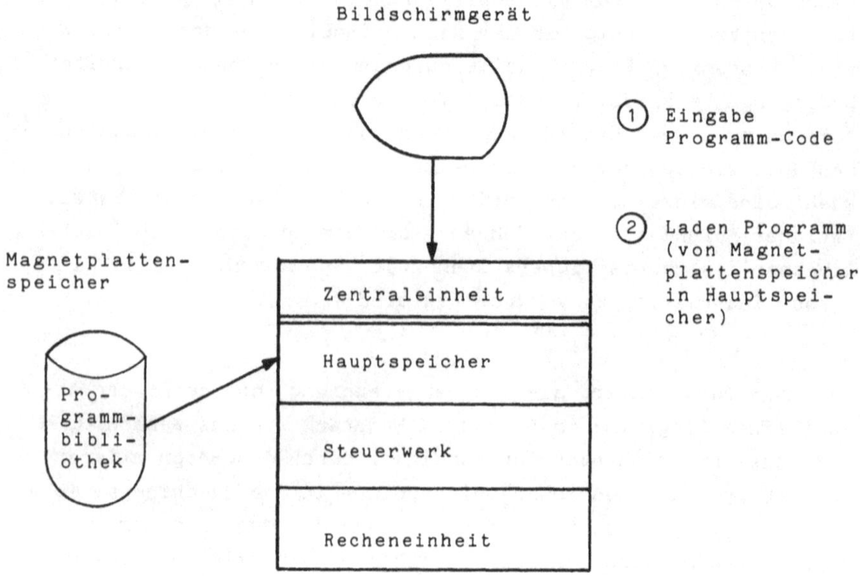

Bild 22: Ein Programm wird geladen

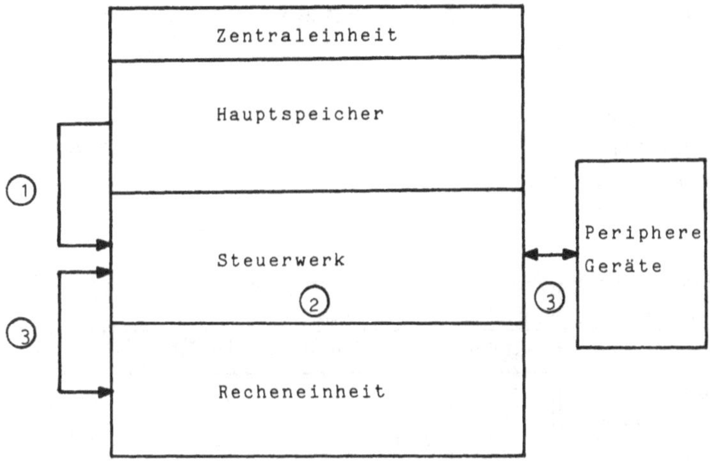

(1) Das Steuerwerk liest eine Instruktion aus dem Hauptspeicher.

(2) Das Steuerwerk interpretiert die Operation (Um was für einen Befehl handelt es sich?) und veranlaßt die Ausführung des Befehls.

(3) Die Recheneinheit (= Rechenoperation) oder eines der peripheren Geräte (= Ein-/Ausgabeoperation) führt den Befehl aus und meldet die Ausführung dem Steuerwerk, das jetzt die zweite Instruktion aus dem Hauptspeicher liest, interpretiert und ausführt usw. (bis alle Instruktionen ausgeführt und alle Daten verarbeitet sind).

Bild 23: Programmablauf

2.5 Anbieter und Hersteller von MDT-Systemen

Nach der Diebold Statistik, halbjährlich herausgegeben von der Unternehmensberatung Diebold Deutschland GmbH, Frankfurt am Main, werden die Computer in folgende Gruppen unterteilt:

Rechnergruppe	Größenklassen	
	Klasse	Ø Kaufpreis in DM
A Universelle Computersysteme (Standardcomputer)	1	bis 25.000
	2	von 25.001 bis 50.000
	3	von 50.001 bis 100.000
B Prozeßrechner und Minicomputer (für techn./wiss. Anwendungen)	4	von 100.001 bis 250.000
	5	von 250.001 bis 500.000
	6	von 500.001 bis 1.000.000
	7	von 1.000.001 bis 2.000.000
	8	von 2.000.001 bis 4.000.000
C Kleincomputer und Terminalsysteme (MDT-Computer)	9	von 4.000.001 bis 8.000.000
	10	ab 8.000.001

Fassen wir die Computer der typischen MDT-Systeme (Gruppe C, Klasse 3 - 5) zusammen, so ergibt sich - nach Diebold, Stand 1.1.1981 - folgendes Bild über die Anzahl der Installationen von Herstellern und Anbietern kleinerer Computer für kaufmännisch-administrative Aufgaben:

MDT-Installation (nach Diebold)			
Hersteller/Modell	Größenklasse	Inst. 1.7.80	Inst. 1.1.81
	C, 3-5		
DATA GENERAL			
CS 20-60	3 - 5	180	250
DATAPOINT			
4500	3 - 4	223	248
DDC COMPUTER			
220	3 - 5	318	401
330	3 - 4	126	126
440	4	333	334
550	4 - 5	58	59
DIETZ			
Dietz 600	2 - 4	361	418
DIGITAL DATA SYSTEM			
B 200	3	43	52
B 300	3 - 4	56	87
FEILER			
System 2006	4	14	14
HERMES PRECISA			
Serie 70	3	1.973	1.970
Serie 80	4	153	150
Serie 30	4	44	40
HEWLETT PACKARD			
HP 250	2 - 3	166	231
HP 300	4	17	31

MDT-Installation (nach Diebold)			
Hersteller/Modell	Größenklasse	Inst. 1.7.80	Inst. 1.1.81
	C, 3-5		
HONEYWELL BULL			
S 61, S 61 - DPS	4 - 5	763	867
6/20 - 50	3 - 5	230	350
IBM			
System /32	3 - 4	1.980	1.860
System /34	3 - 4	1.470	1.710
8100	4	300	350
ICL			
System 10	4 - 5	416	434
INFOREX			
5000	4 - 5	27	30
7000	3 - 5	28	32
KIENZLE			
Plattensysteme 9000	3 - 4	1.672	2.132
LOG ABAX			
alle Systeme	2 - 4	1.285	1.347
MAEL			
Serie 4000	2 - 4	1.068	1.068
MAI			
200	3 - 4	204	302
350	4	438	438
400	4	570	597
410	4	361	476
500	4 - 5	32	32
510	4 - 5	8	32

MDT-Installation (nach Diebold)			
Hersteller/Modell	Größenklasse	Inst. 1.7.80	Inst. 1.1.81
	C, 3-5		
AEG-TELEFUNKEN			
Telecomp 5200	2 - 4	545	810
BURROUGHS			
B 80/90	3 - 4	91	140
B 700/800	4 - 5	91	89
CMC			
DE 5000	4 - 5	410	422
DE 3000	4	12	29
400	4	80	121
7600	3 - 5	31	42
Serie 70	3 - 4	13	51
COMP-DATA			
CDS 364	3	55	67
CDS 4	3 - 4	17	32
COMPUDATA			
CS 660	3	215	215
COMPUTER AUTOMATION			
Standard PBS	3 - 4	28	28
CONTIDATA			
851	3 - 4	151	151
CTM			
SBS/900	2 - 4	3.070	3.947
DATA 100			
76	3 - 4	237	232

MDT-Installation (nach Diebold)			
Hersteller/Modell	Größenklasse	Inst. 1.7.80	Inst. 1.1.81
	C, 3-5		
MCSI			
Dialogcomputer	3 - 4	142	167
NCR			
I - 8100	3	317	423
I - 8200	4	479	553
NIXDORF			
8860	3 - 4	1	36
8870	4 - 5	3.772	5.135
620/8850	4	2.147	2.482
PHILIPS			
Data 2000 - 8000	3 - 4	460	395
P 400	4 - 5	893	1.065
PRIME			
150/250	4	20	62
300/350	4 - 5	157	157
RC COMPUTER			
3000	4	35	35
3600	4 - 5	160	180
SIEMENS			
310 SICOMP	3 - 4	230	230
6.620	3 - 4	150	230
6.640	4	160	250
SPERRY UNIVAC			
BC/7 - 600	3	13	19
BC/7 - 700	4	83	102
BC/7 - 800	4	102	118
BC/7 - 900	4	3	7

MDT-Installation (nach Diebold)			
Hersteller/Modell	Größenklasse	Inst. 1.7.80	Inst. 1.1.81
	C, 3-5		
TAYLORIX			
S7, S9, S11	3	1.687	1.964
TRIUMPH-ADLER			
TA 1520/1540	4	81	109
TA 1620/1630	3 - 4	---	49
WANG			
2200 T	3 - 4	1.948	1.958
2200 VP	3 - 4	343	395
2200 MVP	3 - 5	429	562
2200 VS	4 - 5	53	106
2200 SVP	4 - 5	---	33
2200 LVP	4 - 5	---	19

3. Planung des Einsatzes von MDT-Systemen

3.1 Vorüberlegungen

Im Hinblick auf den Einsatz eines MDT-Systems gilt es, drei Fragenkomplexe gründlich zu untersuchen und zu beantworten. Im einzelnen handelt es sich um folgende Problemkreise:

- Lohnt sich die Anwendung der EDV im Unternehmen überhaupt (geeignete und gleichförmige Aufgaben, ausreichende Datenmengen)?
- Welche Alternativen bieten sich als Lösung an (eigenes MDT-System, Datenverarbeitung außer Haus)?
- Welche Einzelheiten müssen vor Einsatz eines MDT-Systems geklärt sein und welche Voraussetzungen geschaffen werden (Hardware, Software, Kosten, Nutzen, Umstellungsplan, personelle und räumliche Voraussetzungen)?

Die in der Praxis häufig auftauchenden Schwierigkeiten beim Einsatz von MDT-Systemen sind in hohem Maße darauf zurückzuführen, daß die obengenannten Fragenkomplexe ungenügend oder in falscher Reihenfolge untersucht und beantwortet werden. Nicht selten folgt der Idee, einen Computer einzusetzen, die Unterschrift auf dem Computervertrag ohne eine systematische und gründliche Voruntersuchung und Planung.

3.2 Entwicklung einer MDT-Konzeption

3.21 *Einleitung und Zielsetzung*

Einleitung

Bevor man an die Auswahl eines Computers und der benötigten Software geht, muß gründlich untersucht und dargestellt werden,

- welche Ziele man mit dem Einsatz des Computers erreichen will (EDV-Zielsetzung)
- welche Arbeitsgebiete mit welchen Datenmengen von der EDV abgewickelt werden sollen (Aufgaben- und Mengenanalyse) und
- wie diese Arbeitsgebiete auf dem Computer ablaufen sollen (Grob-Lösung).

Es sei ergänzt, daß die Aufgaben- und Mengenanalyse sowie die Grob-Lösung nicht nur für die sich anschließende Hardware- und Softwareauswahl erforderlich sind, sondern darüber hinaus die Basis für die späteren Umstellungsarbeiten bilden (vgl. Kapitel 4.1 Umstellung der Arbeitsgebiete).

EDV-Zielsetzung

Jede Aktivität und Aufgabenerledigung sollte mit einer eindeutigen Festlegung der Ziele beginnen, die man erreichen will. Dies gilt ganz besonders für den Einsatz eines Computers, der nicht nur mit hohen Kosten verbunden ist, sondern das Unternehmen auch langfristig an die gewählten Verfahren und Techniken bindet.

Die Zielsetzungen beim Einsatz des EDV lassen sich unterteilen in

- eine generelle Zielsetzung und
- spezielle Einzelziele.

Die generelle Zielsetzung bei der Planung einer EDV erstreckt sich auf die Beantwortung der Frage, ob die Anlage

- vorwiegend zur Erledigung von Massen- und Routinearbeiten und damit vornehmlich zur Einsparung von Personal eingesetzt werden soll (engl. "Make money") oder ob die EDV
- in erster Linie Instrument der Unternehmensführung sein soll, mit dem nicht nur reine Datenverarbeitungsprozesse wie die Buchhaltung und die Lohnabrechnung abgewickelt werden, sondern das vor allem Informationen für die Führungsspitze liefert (engl. "Safe money").

Neben dieser grundsätzlichen Zielsetzung können Einzelziele von Bedeutung sein, die naturgemäß von Unternehmen zu Unternehmen verschieden sind. Beispiele solcher Einzelziele sind

- eine bessere Überwachung der Lagerbestände
- die allgemeine Verbesserung des Berichtswesens im Unternehmen
- die Erhöhung der Lieferbereitschaft und Verbesserung des Kundendienstes
- die bessere Auslastung der Produktionsanlagen durch eine maschinelle Fertigungssteuerung
- die Vermeidung von Überstunden
- die Ausnutzung von Skonti durch genaue Rechnungsregulierung
- die Anwendung mathematischer Verfahren auf den Gebieten der Marktforschung sowie der Finanz- und Investitionsplanung
- die Verminderung der Lagerkosten und Kapitalbindung durch geringere Lagerhaltung
- die Gewinnung eines "Kundenspiegels" auf Anforderung mit Umsätzen, Zahlungsweise und anderen interessanten Daten.

3.22 *Aufgaben- und Mengenanalyse*

Die Beantwortung der wichtigen Grundsatzfrage, welche Arbeitsgebiete sich für eine Umstellung auf die EDV eignen, hängt vom dem Ergebnis einer qualitativen Aufgaben- und quantitativen Mengenanalyse ab. Denn nur wenn ein Arbeitsgebiet in seinem Ablauf verhältnismäßig gleichförmig ist, das heißt aus logischen Regeln und nicht aus zahlreichen individuellen Ausnahmen besteht, und ein relativ großes Volumen an Eingabe-, Speicher- und Ausgabedaten aufweist, sind die Voraussetzungen für einen wirtschaftlichen Computereinsatz gegeben. Aufgaben mit unzähligen Ausnahme- und Sonderregelungen, möglicherweise noch gekoppelt mit einer relativ geringen Datenmenge, dürften selten für eine wirtschaftliche Datenverarbeitung geeignet sein. Sofern die genannten Voraussetzungen der Gleichförmigkeit und Mengenhaftigkeit nicht vorliegen, müssen sie entweder geschaffen werden oder aber man muß den Computereinsatz auf die Arbeitsgebiete beschränken, die hierfür besser geeignet sind.

Die Aufgabenanalyse selbst führt man am besten mit Hilfe des Auswahlbogens durch, der alle anwendungsbezogenen Einzelheiten und Tatbestände eines Arbeitsgebietes aufnimmt. Ein solcher Auswahlbogen, wie er auch von den Hardwareherstellern und Softwarehäusern für Analysen benutzt wird, ist von den Mitarbeitern der Fachabteilungen zu beantworten und gegebenenfalls zu ergänzen. Bild 24 zeigt das Beispiel eines Auswahlbogens, ausgefüllt mit einem Beispiel aus der Auftragsbearbeitung und Fakturierung.

Zur Durchführung der Mengenanalyse dient das Hilfsmittel Datenmengengerüst. Dieses Formular (mit einem Beispiel versehen in Bild 25 dargestellt) enthält die ermittelten Datenmengen, unterteilt nach den Daten für die Eingabe, Speicherung und Ausgabe. Die Ermittlung des Datenvolumens für die künftige maschinelle Abwicklung ist erforderlich, um die benötigten Gerätekapazitäten für die Eingabe (Bildschirmgeräte), Speicherung (Magnetplatten) und Ausgabe (Druckerleistung) festlegen zu können.

Sieht man einmal von denjenigen Arbeitsgebieten ab, die sich aufgrund ihrer fehlenden Gleichförmigkeit und ihres geringen Datenvolumens nicht oder nur eingeschränkt für eine Computerabwicklung eignen, so gibt es in allen Branchen Arbeitsgebiete für einen sinnvollen und wirtschaftlichen Computereinsatz sowie für die Anwendung von Standard-Softwarepaketen. Bild 26 zeigt eine Übersicht über typische Computeranwendungen in einem Industrieunternehmen.

Proj.-Nr.: 03/81	AUSWAHLBOGEN	Datum: 12.1.81
Proj.-Name: AB/FAKT		Bearb.: Flemming

Index	Auswahlkriterium
	Auftragsbearbeitung und Fakturierung
1000	Stapelfakturierung
1100	Erfassung der Daten, auch für
1101	Einmal-Kunden
1102	Einmal-Artikel
1110	Stapelerfassung
1111	Eingabe über Datensichtgerät
1112	Disketteneingabe
1113	Prüfung der erfassten Daten mit Fehlerprotokoll
1114	Korrektur mit Änderungsprotokoll
1120	Dialogerfassung (über Datensichtgerät)
1121	Prüfung/Korrektur während der Erfassung
1122	Bildschirmanzeige Saldolimit
1123	Bildschirmanzeige verfügbarer Bestand
1124	Matchcode-Verfahren (Kunde/Artikel)
2000	Sofortfakturierung
2100	Erfassung der Daten, auch für
2101	Einmal-Kunden
2102	Einmal-Artikel
2110	Dialogerfassung (über Datensichtgerät)
2111	Prüfung/Korrektur während der Erfassung
2112	Bildschirmanzeige Saldolimit
2113	Bildschirmanzeige verfügbarer Bestand
2114	Matchcode-Verfahren (Kunde/Artikel)
2200	Fakturierung
2210	Vorfakturierung
2220	Verfügbarkeitskontrolle bei Vorfakturierung
2221	Mengenumverteilung mit Liste und Protokoll
2230	Nachfakturierung

Bild 24(1): Auswahlbogen (nach einer Vorlage der IBM, IBM Form ZX 12-1418-1)

Index	Auswahlkriterium
2240	Einzelrechnung je Auftrag
2250	Lieferscheine/Packzettel als Durchschlag der Rechnung
2260	Gutschriften
2270	Sammelrechnung
2280	Barverkäufe
2281	Rechnung-Barverkäufe
2282	Barinkassoliste
2300	Auftragsverwaltung
2310	Auftragsbestätigung
2320	Lieferscheine/Packzettel separat
2330	Auftragsverwaltungsprotokoll
2340	Rüchstandsbearbeitung
2350	Kunden-Termin-Liste
2360	Artikel-Termin-Liste/Termin-Artikel-Liste
2370	Liste der reservierten Auftragsdispositionen
2380	Artikeldispositionsliste
2390	Auftragsabrufprotokoll
2400	Rechnung
2410	Versandadresse
2420	Zusatztexte
2430	Preise, Rabatte, sonstige Konditionen
2431	Mengenumrechnung
2432	Gewichtsermittlung
2433	Einzelpreise (kunden-, artikel- und mengenabhängige Preise)
2434	Listenpreis
2435	Bruttopreis
2436	Mengenabhängiger Preis
2437	Standardpreis
2440	Rabatte und Zuschläge
2441	Sonderrabatt
2442	Preis/Rabattdatei (kunden-, artikel- und mengenabhängige Rabatte)

Bild 24(2): Auswahlbogen (nach einer Vorlage der IBM, IBM Form ZX 12-1418-1)

Index	Auswahlkriterium
2443	Rabattleiste
2444	Listenrabatt
2445	Mengenabhängiger Rabatt
2446	genereller Preiszuschlag
2447	Metallzuschlag
2448	Rechnungsrabatte und Zuschläge
2449	Nebenkosten (Fracht, Verpackung, sonstige Kosten)
2450	Mehrwertsteuer
2451	voll
2452	ermäßigt
2453	Export
2460	Erlösspaltung
2461	Berlin-Förderung
2470	Skonto (4 Skontobedingungen)
2471	Skontobedingung für einen Auftrag
2472	Skontobedingung je Kunde
2473	Einheitliche Skontobedingungen (Anzahl Skontostufen)
2480	Bildschirmanzeige von Preisen und Rabatten
2490	Rechnungsausgangsliste
2500	Preiskontrolliste
2600	Fehlmengenliste

Bild 24(3): Auswahlbogen (nach einer Vorlage der IBM, IBM Form ZX 12-1418-1)

Projekt-Nr.: 03/81 Projekt-Name: AB/FAKT	DATENMENGENGERÜST							Datum: 16.1.81 Bearbeiter: Flemming				
Satzart	Eingabe				Speicherung				Ausgabe			
	Frequenz	Satzanz. x	Satzlänge	Anz. Zeich.	Zugriff	Satzanz. x	Satzlänge	Anz. KByt.	Frequenz	Satzanz. x	Satzlänge	Anz. Zeilen
Kundenaufträge	tägl.	125	400	50.000								
Lieferscheine	tägl.	125	400	50.000								
Packzettel	tägl.	125	25	3.125								
Gutschriften	tägl.	20	300	6.000								
Änderungen	tägl.	20	100	2.000								
Summe	tägl.	–	–	111.125								
Kundenstammdaten					perm.	6.000	600	3.600				
Aufträge					perm.	4.000	200	800				
Buchungssätze					perm.	400	100	40				
Preislisten					perm.	20.000	15	300				
Artikelstammdaten					perm.	2.000	500	1.000				
Lagerbestände					perm.	4.000	200	800				
Summe					perm.	–	–	6.540				
Liefersätze									tägl.	125	60	7.500
Auftragsbestätigungen									tägl.	30	120	3.600
Rechnungen									tägl.	250	60	15.000
Gutschriften									tägl.	20	20	400
Rechnungsausgangsjournal									tägl.	–	–	600
Statistiken									monatl.	–	–	20.000
Summe									tägl.	–	–	27.100
Summe									monatl.	–	–	20.000

Bild 25: Datenmengengerüst (Beispiel: Auftragsbearbeitung und Fakturierung)

EDV-Anwendungen				
Arbeitsgebiet	Eingabe	Speicherung	Ausgabe	Anschluß an
Auftragsbearbeitung und Fakturierung	Kundenaufträge, Warenausgangsbelege, Stornos	Kunden- und Artikelstammdaten, Auftragsbestandsdaten	Auftragsbestätigungen, Lieferscheine, Packzettel, Gutschriften, Rechnungen, Statistiken	Lagerbestandsführung und Bestellrechnung, Debitorenbuchhaltung
Lagerbestandsführung und Bestellrechnung	Wareneingänge, Warenausgänge, Umbuchungen, Inventurdaten	Artikelstammdaten, Lieferantenstammdaten, Bestelldaten	Artikelkonten, Bestandslisten, Inventurlisten, Bestellvorschläge, Liste offene Bestellungen	Auftragsbearbeitung und Fakturierung, Sach- und Kreditorenbuchhaltung, Fertigungsorganisat.
Finanzbuchhaltung (Debitoren, Kreditoren, Sachkonten)	Kundenrechnungen, Gutschriften, Zahlungseingänge, Lieferantenrechnungen, Sachkontenbuchungen	Debitoren OP, Kreditoren OP, Sachkonten	Journale, Kontenauszüge, Mahnungen, Summen- und Saldenbilanz, Finanz-Kennziffern	alle übrigen Arbeitsgebiete
Lohn- und Gehaltsabrechnung	Lohndaten, variable Be- und Abzüge	Personalstammdaten, Lohn- und Gehaltskonten	Bruttolohnliste, Nettoabrechnungen, Versicherungslisten, Überweisungen, Statistiken	Sachbuchhaltung
Fertigungsorganisation (Stücklistenauflösung und Materialplanung)	Kundenaufträge, Produktionspläne, Lieferungen	Teilestammdaten, Stücklistenstrukturdaten	Stücklisten, Teileverwendungsnachweis, Bedarfspläne	Lagerbestandsführung und Bestellrechnung, Auftragsbearbeitung und Fakturierung

Bild 26: Typische EDV-Anwendungen in einem Industrieunternehmen

3.23 *Grob-Lösung*

Mit dem Entwurf der Grob-Lösung (auch als Grob-Konzeption und Soll-Vorschlag bezeichnet) entsteht eine erste Darstellung der späteren Computerabläufe für alle Arbeitsgebiete, die für die Umstellung geplant sind. Anders als die spätere Fein-Lösung, die alle technischen Einzelheiten des Computerablaufs enthält und zu den Programmvorgaben führt, erstreckt sich die Grob-Lösung mehr auf den anwendungsbezogenen Gesamtablauf. Die Grob-Lösung für alle geplanten EDV-Anwendungen bildet aber nicht nur die Vorstufe für die einzelnen Fein-Lösungen, sondern vermittelt darüber hinaus die notwendigen Kenntnisse für die Hardware- und Softwareauswahl. Aus diesem Grunde ist die Grob-Lösung bereits hier und nicht erst bei den späteren Umstellungsarbeiten zu entwickeln.

Zur Darstellung der Grob-Lösung eines Arbeitsgebietes (gleiches gilt für die Fein-Lösung) benutzt man als Hilfsmittel den sogenannten Datenflußplan unter Verwendung einheitlicher Sinnbilder, die nach DIN 66001 genormt und in eine Zeichenschablone gestanzt sind. Bild 27 zeigt die Sinnbilder für Datenflußpläne nach DIN 66001, und in Bild 28 ist das Beispiel eines Grob-Datenflußplans dargestellt.

Symbol	Erläuterung
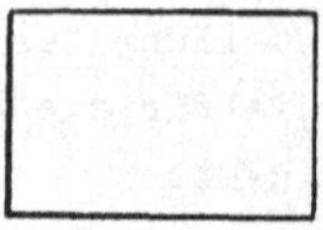	Bearbeitung, allgemein (process) insbesondere für jede Art des Bearbeitens, die nachfolgend nicht erfaßt ist, z.B. Lesen
	Ausführen einer Hilfsfunktion (auxiliary operation) unter Verwendung maschineller Hilfsmittel, die nicht vom Leitwerk der Datenverarbeitungsanlage gesteuert werden, z.B. das manuelle Erstellen von Lochkarten u. Lochstreifen
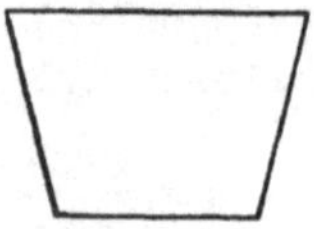	Eingreifen von Hand (manual operation) ohne Verwendung maschineller Hilfsmittel, z.B. Eintragungen in eine Liste, Bandwechsel
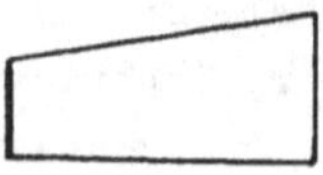	Eingeben von Hand (manual input) in die Datenverarbeitungsanlage, z.B. das Eintasten des Tagesdatums
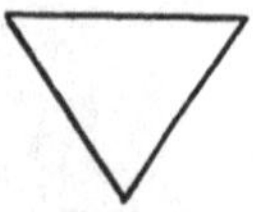	Mischen
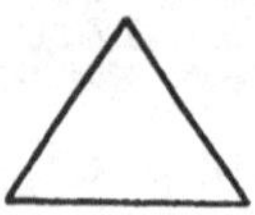	Trennen
	Mischen mit gleichzeitigem Trennen (collate)

Bild 27 (1): Sinnbilder für Datenflußpläne nach DIN 66001

Symbol	Erläuterung
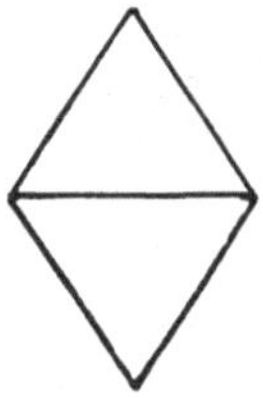	Sortieren
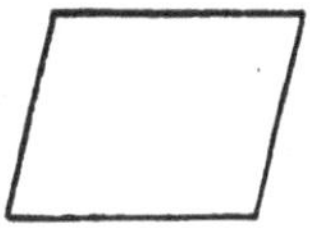	Datenträger, allgemein (input/output) für Darstellungen, in denen der Datenträger nicht näher bestimmt werden soll, oder für alle Arten von Datenträgern, die nicht nachfolgend erfaßt sind
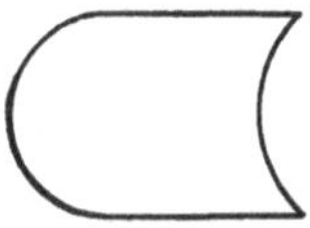	Datenträger, gesteuert vom Leitwerk der Datenverarbeitungsanlage (online storage)
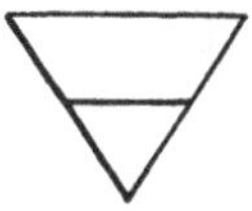	Datenträger, nicht gesteuert vom Leitwerk der Datenverarbeitungsanlage (offline storage)
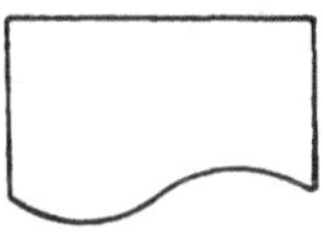	Schriftstück (document)
	Lochstreifen (punched tape)
	Lochkarte (punched card)
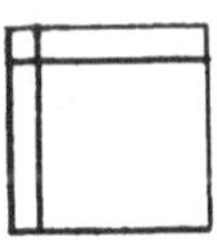	Matrixspeicher (core storage) Dieses Sinnbild kann für Kernspeicher und andere Speicher mit gleichartigem Zugriffsverhalten benutzt werden

Bild 27 (2): Sinnbilder für Datenflußpläne nach DIN 66001

Symbol	Erläuterung
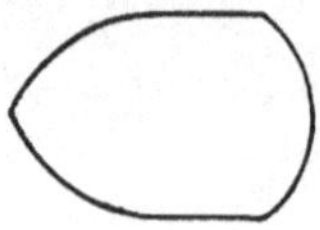	Anzeige (display) in optischer oder akustischer Form, z.B. Ziffernanzeige, Kurvenschreiber, Summer
	Flußlinie (flow line) Die Linie kann beliebig geführt sein. Die Pfeilspitze darf nicht weggelassen werden
	Transport der Datenträger Die Linie darf beliebig geführt sein. Dieses Sinnbild ist anzuwenden, wenn der Transport der Datenträger besonders kenntlich gemacht werden soll
	Datenfernübertragung (communication link)
	Übergangsstelle (connector) Der Übergang kann von mehreren Stellen aus, aber nur zu einer Stelle hin erfolgen. Zusammengehörige Übergangsstellen müssen die gleiche Bezeichnung tragen
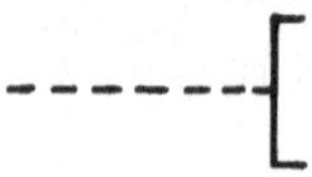	Bemerkung (comment, annotation) Dieses Sinnbild kann an jedes Sinnbild dieser Norm angefügt werden
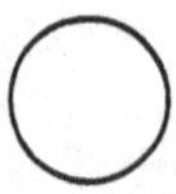	Magnetband (magnetic tape)
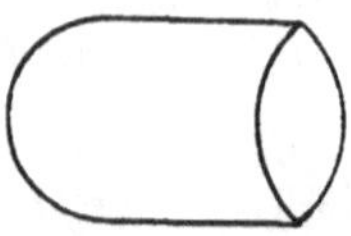	Trommelspeicher (magnetic drum)
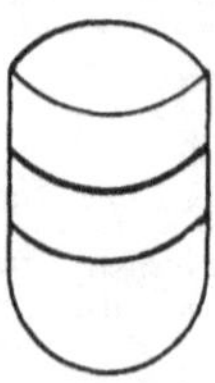	Plattenspeicher (magnetic disk)

Bild 27 (3): Sinnbilder für Datenflußpläne nach DIN 66001

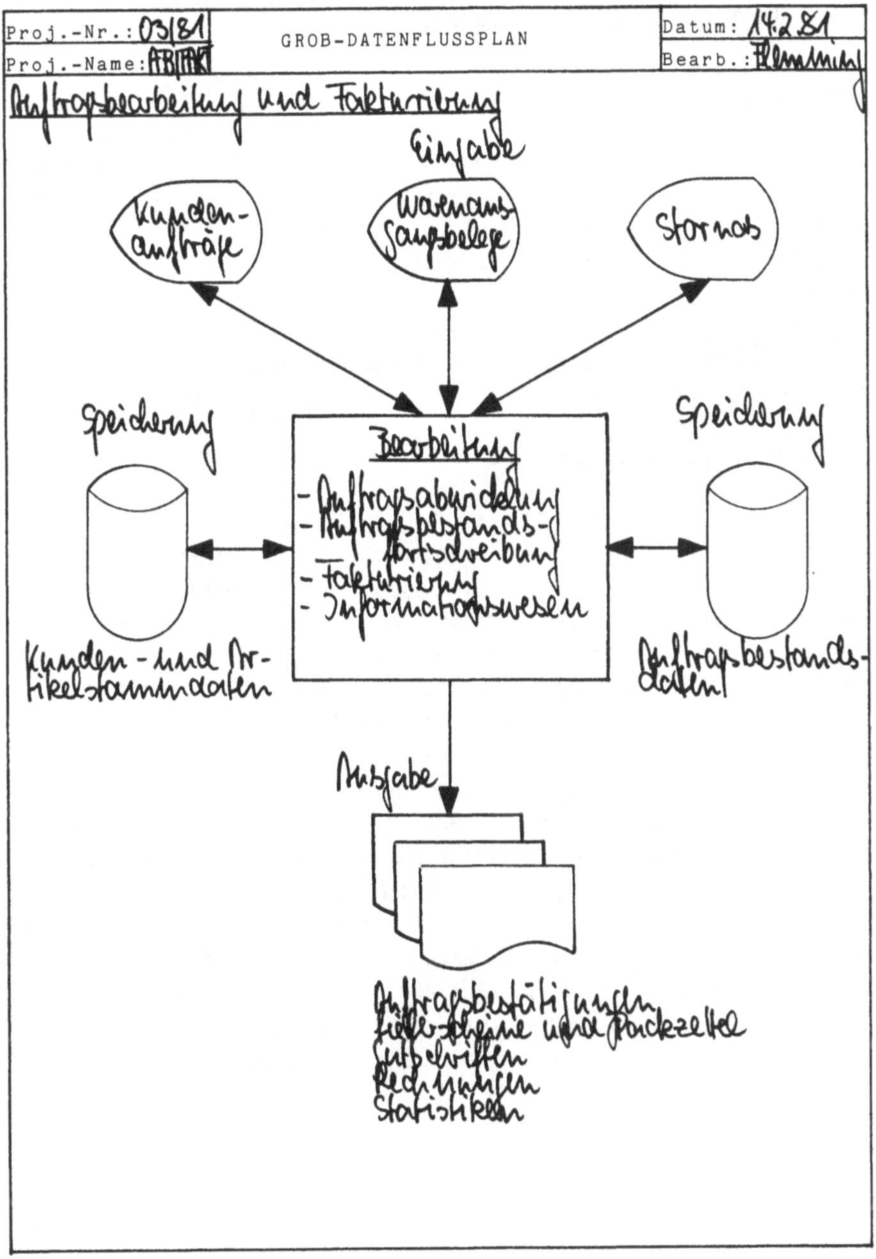

Bild 28: Grob-Datenflußplan

3.3 Hardware- und Softwareauswahl

3.31 *Alternativen*

Hat die Aufgaben- und Mengenanalyse (vgl. Kapitel "3.22 Aufgaben- und Mengenanalyse") als Ergebnis erbracht, daß sich die EDV grundsätzlich für das Unternehmen eignet, so bieten sich Klein- und Mittelbetrieben zwei alternative technische Lösungsmöglichkeiten, nämlich

- die Mitbenutzung einer fremden EDV-Anlage (= Datenverarbeitung außer Haus) oder

- der Einsatz eines eigenen MDT-Systems.

Obwohl sich in den letzten Jahren, vornehmlich aufgrund eines erheblich verbesserten Preis-/Leistungsverhältnisses bei MDT-Systemen, die Tendenz zum eigenen Computer auch bei Klein- und Mittelbetrieben verstärkt hat, läßt sich keine generelle und allgemein gültige Aussage zugunsten der einen oder anderen Lösung machen. Art, Anzahl und Umfang der Aufgaben, die Verfügbarkeit von Standard-Anwendungssoftware, die eigene Personal- und Kostensituation sowie das Vorhandensein eines Service-Rechenzentrums in der Nähe sind einige Merkmale, die in einem Falle zur eigenen EDV, im anderen Falle zur Datenverarbeitung außer Haus führen können. Eine endgültige Entscheidung läßt sich nur nach einer gründlichen Analyse und sorgfältigem Abwägen aller Vor- und Nachteile der beiden Alternativen treffen. Um dem Leser jedoch die Entscheidung etwas zu erleichtern, haben wir in Bild 29 eine Übersicht über die Merkmale zusammengestellt, die im allgemeinen zur einen oder anderen Lösung hin tendieren.

EDV-Alternativen		
Entscheidungsmerkmal	eigene EDV	DV außer Haus
Anzahl der EDV-Anwendungen	zahlreiche, integriert ablaufende Anwendungen	wenige Einzelanwendungen
Art der EDV-Anwendungen	Dialogbetrieb	Stapelbetrieb
EDV-Kosten	fixe EDV-Kosten, unabhängig von der Datenmenge	variable Kosten, abhängig von der Datenmenge
EDV-Personal	eigenes EDV-Personal	kein eigenes EDV-Personal
Individuelle Programmierung	durch eigenes Personal möglich	Anpassung an Standardprogramme des Rechenzentrums
Räume und Installationen	erforderlich	nicht erforderlich
Programmänderungen	leicht möglich	schwierig und teuer
Flexibilität der Verarbeitung	sehr gut	schlecht wegen Transport- und Wartezeiten

Bild 29: Übersicht über die Merkmale zugunsten einer eigenen EDV und einer Datenverarbeitung außer Haus

3.32 *Vorbereitung der Auswahl*

Die Auswahl der benötigten Hardware und Software beginnt mit der Zusammenstellung der Ausschreibungsunterlagen, die diejenigen Anbieter und Hersteller von MDT-Systemen erhalten, die an der Ausschreibung teilnehmen sollen.

Die Ausschreibungsunterlagen umfassen im einzelnen

- eine Kurzbeschreibung des Unternehmens (vgl. Bild 30)

Proj.-Nr.: 03/81	KURZBESCHREIBUNG	Datum: 19.1.81
Proj.-Name: AB/FAKT		Bearb.: [illegible]

Unternehmen

Name: Intermüller KG

Sitz: Hallertau

Niederlassungen: 1

Anzahl Mitarbeiter: 350

Umsatz: 65 Mio DM

Branche: Möbelfertigungen

Hardware/Software

vorhanden:	geplant:
IBM/32	–
64 KB	256 KB
2 MP 2×10 MB	2 MP 2×20 MB
4 Bildschirmgeräte	6 Bildschirmgeräte
1 Matrixdrucker	1 Zeilendrucker

EDV-Anwendungen

vorhanden:	geplant:
Auftragsbearbeitung und Fakturierung	Auftragsbearbeitung und Fakturierung (neu)
Debitorenbuchhaltung	Finanzbuchhaltung
Lohn- und Gehaltsabrechnung	Lagerwirtschaft
	Kostenrechnung

Bild 30: Kurzbeschreibung des Unternehmens

- die Auswahlbogen, Datenmengengerüste und Grob-Datenflußpläne aller Arbeitsgebiete die für die Umstellung auf das MDT-System vorgesehen sind (vgl. die Bilder 24, 25 und 28)
- das vorläufige Hardwarediagramm (vgl. Bild 31), das die benötigte Größenordnung und Konfiguration der geplanten Anlage ausweist, und
- das Hersteller-Pflichtenheft (vgl. Bild 32), das eine Reihe von Fragen zur Hardware und Software sowie zu den Kosten und Serviceleistungen der Anbieter enthält.

Zum Schluß der Vorbereitungsarbeiten legt man die Anbieter fest, die an der Ausschreibung teilnehmen sollen. Hierbei geht man so vor, daß man entweder alle Firmen heranzieht, die MDT-Systeme anbieten (was im MDT-Bereich wegen der Vielzahl der Anbieter kaum zu empfehlen ist), oder aber man nimmt von vornherein eine Vorauswahl vor (beispielsweise nimmt man nur die größeren Hersteller/Anbieter oder Firmen, die in der Nähe eine Geschäftsstelle haben). Im letzteren Falle erhält man meist eine Auswahl von 4 - 6 Anbietern, die dann aufgefordert werden, an der Ausschreibung teilzunehmen und denen man jeweils einen Satz Ausschreibungsunterlagen überreicht.

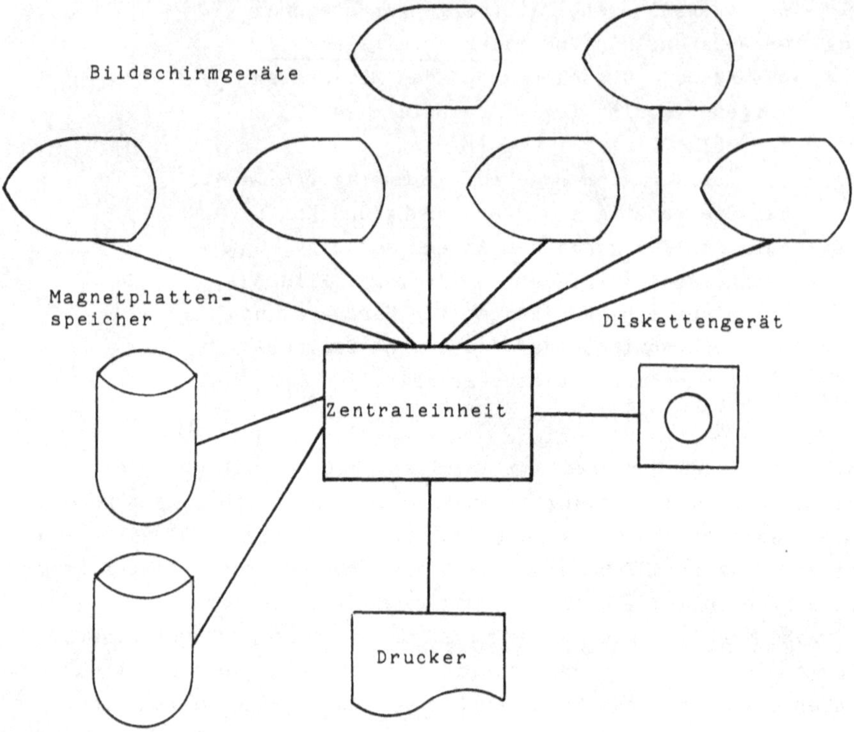

Ausbaustufen				
Einheit	1. Stufe	2. Stufe	3. Stufe	maximal
1. Zentraleinheit	256 KB	---	---	512 KB
2. Magnetplattenspeicher	2x20 MB	---	3x20 MB	4x20 MB
3. Bildschirmgeräte	6	8	11	16
4. Diskettengeräte	1	---	---	2
5. Drucker	12.000 Zeilen/Std.	---	---	---

Bild 31: Hardwarediagramm (Beispiel)

Hersteller-Pflichtenheft		
Nr.	Frage	Antwort
1.	Hardware/Systemsoftware	
1.10	Zentraleinheit	
1.11	In welchen Stufen ist der Arbeitsspeicher ausbaufähig?	
1.12	Welche Maximalkapazität hat der Arbeitsspeicher?	
1.13	Welcher Speicherschutz ist für den Arbeitsspeicher vorhanden?	
1.14	Welche Kapazität des Arbeitsspeichers ist für Anwenderprogramme verfügbar?	
1.15	Wie viele Datenkanäle, welcher Art und welcher Leistungsfähigkeit können an die Zentraleinheit angeschlossen werden?	
1.16	Wie viele Steuereinheiten für welche Gerätegruppen können an die Zentraleinheit angeschlossen werden?	
1.17	Ist die Zentraleinheit ohne Beschränkungen für den Dialogverkehr geeignet?	
1.18	Besitzt die Zentraleinheit eine virtuelle Adressierung?	
1.19	Welche Hardwareeinrichtungen gehören zur Standard- und welche zur Zusatzausrüstung der Zentraleinheit?	
1.20	Bildschirmgeräte	
1.21	Welche Arten von Bildschirmgeräten werden zu dieser Anlage angeboten?	
1.22	Wie viele Bildschirmgeräte können je Steuereinheit angeschlossen werden?	
1.23	Wie viele Bildschirmgeräte für den lokalen Anschluß können an dieser Anlage angeschlossen werden?	
1.24	Wie viele Bildschirmgeräte können für eine Datenfernübertragung an dieser Anlage angeschlossen werden?	

Bild 32 (1): Hersteller-Pflichtenheft (Standard)

Hersteller-Pflichtenheft		
Nr.	Frage	Antwort
1.25	Können die angebotenen Bildschirmgeräte mit Hardcopy-Geräten oder Terminal-Druckern gekoppelt werden?	
1.26	Wie groß ist die Zeichenkapazität der angebotenen Bildschirmgeräte?	
1.27	Wie groß ist der Punktraster der angebotenen Bildschirmgeräte?	
1.28	Haben die angebotenen Bildschirmgeräte einen eigenen Pufferspeicher (wenn ja, die Größe angeben)?	
1.29	Wie lang ist die maximale Kabellänge ohne und mit Zusatzeinrichtungen bei den lokalen Bildschirmgeräten?	
1.30	Magnetplattenspeicher	
1.31	Welche Magnetplattenspeichertypen können an die angebotene Anlage angeschlossen werden?	
1.32	Wie viele der obengenannten Magnetplattenspeicher können je Steuereinheit und insgesamt angeschlossen werden?	
1.33	Wie groß ist die Kapazität der obengenannten Magnetplattenspeicher in Bytes?	
1.34	Welche Steuereinheiten werden für die Magnetplattenspeicher benötigt?	
1.35	Welche mittlere Positionierzeit (in ms) haben die angebotenen Magnetplattenspeicher?	
1.36	Welche Übertragungsrate (in KByte/s) haben die Magnetplattenspeicher?	
1.37	Welche Geschwindigkeiten (in Umdrehungen/min) haben die Magnetplattenspeicher?	
1.38	Sind die Magnetplatten ganz oder teilweise wechselbar?	
1.39	Was kostet ein Magnetplattenstapel?	

Bild 32 (2): Hersteller-Pflichtenheft (Standard)

Hersteller-Pflichtenheft		
Nr.	Frage	Antwort
1.40	Magnetbandgeräte, Magnetbandkassettengeräte und Disketten	
1.41	Welche sequentiellen Magnetspeicher (Magnetband-, Magnetbandkassetten- oder Diskettengeräte) können angeschlossen werden?	
1.42	Wie viele der obengenannten Geräte können angeschlossen werden, und welche Steuereinheiten werden hierzu benötigt?	
1.43	Wie viele Spuren haben die angebotenen Speichermittel und -geräte?	
1.44	Wie groß ist die Kapazität der angebotenen einzelnen Speichermittel?	
1.45	Mit welcher Geschwindigkeit (in KByte/s) werden die Daten geschrieben und gelesen?	
1.46	Wie hoch sind die Übertragungsraten der angebotenen Geräte?	
1.47	Welche sonstigen technischen Vorzüge haben die angebotenen Geräte?	
1.48	Sind die Speichermittel und -geräte kompatibel zu ähnlichen Geräten anderer Hersteller?	
1.49	Was kostet ein Speichermittel (sofern diese nicht auf dem freien Markt angeboten werden)?	
1.50	Drucker	
1.51	Welche Druckertypen mit welchen Druckverfahren können an die angebotene Anlage angeschlossen werden?	
1.52	Wie viele Schreibstellen haben diese Drucker?	
1.53	Wie groß ist der Zeichenvorrat dieser Drucker?	
1.54	Ist eine getrennte Papierführung (2 Papierbahnen) möglich?	
1.55	Ist der Drucker auswechselbar?	

Bild 32 (3): Hersteller-Pflichtenheft (Standard)

Hersteller-Pflichtenheft		
Nr.	Frage	Antwort
1.56	Wie hoch sind die Druckgeschwindigkeiten (in Zeilen/min oder Zeichen/s) der angebotenen Drucker?	
1.57	Sind die angebotenen Drucker voll oder teilweise gepuffert?	
1.58	Benötigen die angebotenen Drcker eine eigene Steuereinheit?	
1.59	Wie ist die Vorschubsteuerung der angebotenen Drucker gelöst?	
1.60	Systemsoftware	
1.61	Welche Betriebssysteme werden für diese Anlage angeboten?	
1.62	Welcher Teil des Arbeitsspeichers ist ständig durch das Betriebssystem belegt?	
1.63	Ist das Betriebssystem voll dialogfähig?	
1.64	Wie ist die Datensicherung innerhalb des Betriebssystems gelöst?	
1.65	Wie groß ist der Umfang des Multiprogrammings bei dem angebotenen System?	
1.66	Können mehrere Programme zu gleichen Dateien zugreifen, und ist dies auch im Mischbetrieb Stapel/Dialog möglich?	
1.67	Welche Dienstprogramme bieten Sie für diese Anlage an?	
1.68	Wird für diese Anlage auch ein Datenbanksystem angeboten?	
1.69	Welche Programmiersprachen sind für die angebotene Anlage verfügbar?	

Bild 32 (4): Hersteller-Pflichtenheft (Standard)

Hersteller-Pflichtenheft		
Nr.	**Frage**	**Antwort**
2.	Standard-Anwendungssoftware	
2.10	Anwendungsmerkmale	
2.11	In welchem Umfange werden die Anforderungen des Auswahlbogens abgedeckt?	
2.12	Welche Teile des Programmpaketes können entfallen?	
2.13	Welche Teile des Programmpaketes müssen geändert werden?	
2.14	Welche zusätzlichen Teile müssen in das Programmpaket eingefügt werden?	
2.15	Welche Änderungen/Anpassungen können durch organisatorische Maßnahmen vermieden werden?	
2.16	Welche benachbarten Anwendungen können in das Programmpaket integriert werden?	
2.17	Welche anwendungsbezogenen Prüfungen sind in dem Produkt enthalten?	
2.20	Produktmerkmale	
2.21	In welcher Programmiersprache ist das Produkt geschrieben?	
2.22	Für welche Anlagen (minimale Größe und Ausstattung) und Betriebssysteme eignet sich das Produkt?	
2.23	Ist das Produkt streng modular aufgebaut?	
2.24	Ist das Produkt voll dialogfähig?	
2.25	Können Ein- und Ausgabefunktionen über Parameter verändert werden?	
2.26	Verfügt das Produkt über Wiederaufsetzpunkte im Falle von Programmabbrüchen?	
2.27	Seit wann ist das Produkt im Markt, und bei welchen Firmen ist es im Einsatz?	

Bild 32 (5): Hersteller-Pflichtenheft (Standard)

Hersteller-Pflichtenheft		
Nr.	Frage	Antwort
2.28	Wie kann das Produkt erweitert und angepaßt werden?	
2.30	<u>Handhabungsmerkmale</u>	
2.31	Aus welchen Komponenten besteht die Dokumentation?	
2.32	Werden auch Quellenprogramme übergeben?	
2.33	Wie und in welchem Umfange erfolgt eine Schulung der Anwender und Bediener?	
2.34	Welche Voraussetzungen muß der Anwender schaffen, und in welchem Umfang müssen Mitarbeiter des Anwenders an der Einführung mitwirken?	
2.35	In welchem Umfange wird das Produkt in Zukunft weiterentwickelt?	
2.36	Wird eine praktikable Wartezeit bei Dialog-Anwendungen garantiert?	
2.37	Ist es dem Anwender gestattet, das Produkt selbst zu ändern?	
2.40	<u>Anbietermerkmale</u>	
2.41	Ist der Anbieter auch Hersteller des Produktes?	
2.42	Wie viele Mitarbeiter hat der Anbieter?	
2.43	Wo ist die nächste Niederlassung des Anbieters für die Produktwartung?	
2.44	Gehört der Anbieter dem Bund Deutscher Unternehmensberater (BDU) an bzw. akzeptiert der Anbieter die Allgemeinen Vertragsbedingungen des BDU?	
2.45	Welche Nutzungsrestriktionen im einzelnen werden vom Anwender verlangt?	

Bild 32 (6): Hersteller-Pflichtenheft (Standard)

Hersteller-Pflichtenheft		
Nr.	Frage	Antwort
2.46	Welche Gewährleistung und Haftung übernimmt der Anbieter? (Bitte Muster Nutzungsvertrag und Allgemeine Nutzungsbedingungen beifügen!)	
2.47	Welche Wartungsleistungen erbringt der Anbieter im einzelnen? (Bitte Muster Wartungsvertrag und Allgemeine Wartungsbedingungen beifügen!)	
2.48	Zu welchen Bedingungen ist der Anbieter mit einer Probeinstallation des Produkts einverstanden?	
2.49	Welche Kündigungszeiten und -fristen sind nach Ablauf der Mindestmietdauer vorgesehen?	
2.50	Akzeptiert der Anbieter den Berufssitz des Anwenders als Gerichtsstand?	

Bild 32 (7): Hersteller-Pflichtenheft (Standard)

Hersteller-Pflichtenheft		
Nr.	Frage	Antwort
3.	Kosten	
3.10	Hardwarekosten	
3.11	Welche monatlichen Mietkosten (incl. Wartung) sind für die angebotene Anlage bei einer Mindestmietdauer von 1, 3 und 5 Jahren aufzuwenden?	
3.12	Wie hoch ist der Kaufpreis (excl. Wartung) für die angebotene Anlage?	
3.13	Welche Leasingverträge zu welchen Preisen und Konditionen werden für die Anlage angeboten oder vermittelt?	
3.14	Wie hoch sind die Einmalkosten und was beinhalten sie?	
3.15	Wird eine Mehrschichtmiete verlangt (wenn ja, Zeitgrenze und Kosten angeben)?	
3.16	Ist ein nachträglicher Kauf der gemieteten Anlage möglich (wenn ja, Bedingungen angeben)?	
3.17	Welche Teile der Systemsoftware (Betriebssystem, Dienstprogramme, Programmübersetzer und sonstige Systemsoftware) sind in den Hardwarekosten enthalten und welche werden extra berechnet (Preise und Konditionen angeben)?	
3.18	Mit welchen einmaligen und laufenden Zubehörkosten muß bei der angebotenen Anlage gerechnet werden?	
3.19	Sind weitere, bisher nicht genannte Kosten mit der Hardware und Systemsoftware verbunden?	
3.20	Softwarekosten (Anwendungssoftware)	
3.21	Wie hoch sind die Einmalkosten für die angebotene Standard-Anwendungssoftware?	
3.22	Wie hoch sind die Kaufpreise für die angebotenen Programmpakete?	

Bild 32 (8): Hersteller-Pflichtenheft (Standard)

Hersteller-Pflichtenheft		
Nr.	Frage	Antwort
3.23	Wie hoch sind die monatlichen Mietkosten für die angebotenen Programmpakete?	
3.24	Sind die monatlichen Mietkosten zeitbegrenzt oder zeitlich gestaffelt?	
3.25	Kommen zu den genannten Kosten weitere Kosten für Implementierung, Einweisung, Wartung usw. hinzu?	
3.26	Wird die Anpassung der Anwendungssoftware zu verbindlichen Pauschalpreisen durchgeführt (wenn ja, Kosten angeben)?	
3.27	Wie hoch sind die Stundensätze für die Anpassung der Software bzw. für darüber hinausgehende Beratungsleistungen?	
3.28	Welche Kosten fallen für die Anpassung der angebotenen Softwarepakete bei Wechsel des Betriebssystems an?	
3.30	Zusatzkosten	
3.31	Welche Kosten werden für die Schulung und Einweisung der Mitarbeiter berechnet?	
3.32	Wie hoch sind die Kosten für die normale Wartung der Anlage bei Kauf oder Leasing?	
3.33	Welche Kosten müssen für zusätzliche Wartungsarbeiten außerhalb der normalen Arbeitszeit aufgewendet werden?	
3.34	Welche Kosten entstehen für die berechneten Teststunden vor Installation der eigenen Anlage?	
3.35	Welche Kosten entstehen für die Benutzung einer Ausweichanlage bei Störung oder Ausfall der eigenen Anlage?	

Bild 32 (9): Hersteller-Pflichtenheft (Standard)

Hersteller-Pflichtenheft		
Nr.	Frage	Antwort
3.36	Welche Kosten berechnen Sie für Arbeiten Ihrer System- und Organisationsspezialisten außerhalb der Einweisung und Softwareanpassung?	
3.37	Welche weiteren Kosten fallen außer den aufgeführten Kosten an?	

Bild 32 (10): Hersteller-Pflichtenheft (Standard)

Hersteller-Pflichtenheft		
Nr.	Frage	Antwort
4.	Serviceleistungen/Konditionen (Bitte Angebote, Vertragsmuster und Geschäftsbedingungen beifügen!)	
4.10	Hardware und Systemsoftware	
4.11	Wann erfolgte die Erstinstallation der angebotenen Anlage in der Bundesrepublik?	
4.12	Welche Benutzer (bitte namentlich nennen) haben die gleiche Anlage im Umkreis von ca. 100 km vom Interessenten installiert oder bestellt?	
4.13	Wo ist der nächste Wartungstechniker und wo das nächste Ersatzteillager installiert?	
4.14	Wer übernimmt die technische Wartung der Anlage?	
4.15	Welche Ausweichanlage wird wo bei Ausfall der eigenen Anlage zur Verfügung gestellt?	
4.16	Wie hoch ist die Lieferzeit für die angebotene Anlage, und wird diese Lieferzeit garantiert?	
4.17	Wie oft ist eine vorbeugende Wartung durchzuführen, wie hoch ist der durchschnittliche Zeitaufwand hierfür und zu welcher Zeit wird die Wartung vorgenommen?	
4.18	Welche Mindestwerte werden für den Maschinenraum, die Klimatisierung und die Stromversorgung gefordert?	
4.19	Ist die gesamte Anlage durch den Vermieter ausreichend versichert (bitte Versicherungsbedingungen beifügen)?	
4.20	Anwendungssoftware	
4.21	In welchem Umfange wird kostenlose Testzeit vor Installation der eigenen Anlage gewährt?	

Bild 32 (11): Hersteller-Pflichtenheft (Standard)

Hersteller-Pflichtenheft		
Nr.	Frage	Antwort
4.22	Wann wurde die angebotene Standard-Anwendungssoftware freigegeben und zum ersten Mal installiert?	
4.23	Bei welchen vergleichbaren Anwendern sind die angebotenen Softwarepakete eingesetzt?	
4.24	Wer sind die Produzenten der angebotenen Softwarepakete?	
4.25	Mit wem wird der Softwarevertrag geschlossen?	
4.26	Wer pflegt und wartet die angebotenen Softwarepakete?	
4.27	Welche kostenlose Einführungsunterstützung wird für den Einsatz der angebotenen Softwarepakete gewährt?	
4.28	In welchem Umfange wird kostenlose Systemunterstützung gewährt?	
4.29	Welche Garantien werden für das einwandfreie Funktionieren der angebotenen Softwarepakete zugesichert?	
4.30	Sonstige Serviceleistungen	
4.31	Wird für die ersten Monate des Maschinenanlaufs Mietfreiheit gewährt?	
4.32	Welche Preisnachlässe (Mietreduzierung, Rückkauf von Maschinenzeit usw.) werden angeboten?	
4.33	Wo befindet sich Ihre nächste Niederlassung?	
4.34	Wo befindet sich Ihre Kunden-Ausbildungsstätte?	
4.35	Bis wann halten Sie sich an das vorliegende Angebot gebunden?	
4.36	Ist beim längerfristigen Mietvertrag jederzeit ein Austausch der Anlage oder einzelner Geräte möglich (wenn ja, bitte genaue Bedingungen hierfür angeben)?	

Bild 32 (12): Hersteller-Pflichtenheft (Standard)

Hersteller-Pflichtenheft		
Nr.	Frage	Antwort
4.37	Ist bis zu 3 Monaten vor Auslieferung der Anlage ein Rücktritt vom Vertrag bzw. ein Vertragswandel für den Kunden möglich?	
4.38	Können Sie Fachzeitschriftenartikel über die Besprechung der angebotenen Anlage nennen?	
4.39	Gibt es sonstige Vorzüge Ihres Unternehmens und der von Ihnen angebotenen Anlage, die bisher noch nicht angesprochen wurden?	

Bild 32 (13): Hersteller-Pflichtenheft (Standard)

3.33 *Durchführung der Auswahl*

Von den Anbietern, die an der Ausschreibung teilnehmen, wird erwartet, daß sie ein konkretes und verbindliches Angebot für die gesamte Hardware und Software mit Lieferterminen und alternativen Kosten (Kauf, Miete, Leasing) senden, zusammen mit Hardwareprospekten, Softwarebeschreibungen und Musterverträgen für Hardware, Software und Wartung.

Sobald alle Anbieter ihre kompletten Unterlagen eingereicht haben, beginnt die eigentliche Auswahl der Hardware und Software. Für den Vergleich der eingesandten Angebote benutzt man ein analytisches Verfahren, bei dem die angebotene Hardware und Software im Hinblick auf einzelne Merkmale beurteilt und bewertet wird. Zu diesem Zweck bildet man sogenannte Wirksamkeitsfaktoren zwischen 1,0 und 0,1, und zwar je einen Faktor pro Anlage und Beurteilungsmerkmal. Ein solcher Wirksamkeitsfaktor kennzeichnet eine besonders gute bzw. weniger gute Eignung eines Systems im Hinblick auf ein bestimmtes Merkmal. Hierbei ist ein hoher Faktor immer als besonders günstig, ein niedriger als weniger günstig anzusehen. Beispielsweise sagt ein hoher Faktor bei den Hardwarekosten aus, daß die Mietkosten oder der Kaufpreis der betreffenden Anlage besonders günstig sind. Jede Bewertung kann sich natürlich immer nur auf den Vergleich mit den anderen ausgewählten Computern beziehen. Durch die Addition der Zwischensummen je Merkmalsgruppe gelangt man zur Gesamtsumme, die in ihrem Höchstwert das MDT-System ausweist, das sich für das Unternehmen insgesamt am besten eignet. Natürlich gilt diese Aussage nur, wenn die Beurteilung und Bewertung von sachkundigen Personen und mit größter Sorgfalt vorgenommen wurden.

Bild 33 zeigt das Beispiel einer solchen Hardware- und Softwarebewertung, und in Bild 34 sind die dazugehörigen Einzelbewertungen für die Hardware einschließlich Systemsoftware, Anwendungssoftware, Kosten und Serviceleistungen dargestellt.

Hardware- und Softwareauswahl			
Merkmal	Anlage 1	Anlage 2	Anlage 3
1. Hardware u. Systemsoftware			
1.1 Hardware			
1.11 Zentraleinheit	1,0	0,6	0,8
1.12 Bildschirmgeräte	1,0	0,8	0,8
1.13 Drucker	1,0	0,8	0,8
1.14 Magnetplattenspeicher	0,6	0,7	1,0
1.15 Diskettengeräte	---	---	---
1.16 Sonstige:	---	---	---
1.2 Systemsoftware			
1.21 Betriebssystem	1,0	0,7	0,5
1.22 Dienstprogramme	1,0	0,6	1,0
1.23 Übersetzungsprogramme	0,8	1,0	0,8
Zwischensumme	6,4	5,2	5,7
2. Anwendungssoftware			
2.1 Auftragsbearbeitung u. Fakturierung	0,8	1,0	0,5
2.2 Finanzbuchhaltung	0,8	1,0	0,7
2.3 Materialbestandsführung	1,0	0,8	0,9
2.4 Lohn- u. Gehaltsabrechn.	1,0	0,6	0,7
Zwischensumme	3,6	3,4	2,8
3. Kosten			
3.1 Hardwarekosten	0,8	0,6	1,0
3.2 Kosten Systemsoftware	0,9	0,8	1,0
3.3 Kosten Anwendungssoftw.	0,8	1,0	1,0
3.4 Sonstige Kosten	0,8	0,9	1,0
Zwischensumme	3,3	3,3	4,0
4. Serviceleistungen			
4.1 Marktreife der Anlage	0,9	0,8	1,0
4.2 Wartungsdienst	1,0	0,6	0,8
4.3 Schulungsmöglichkeiten	1,0	0,8	1,0
4.4 Vertragsbedingungen	0,8	0,8	1,0
Zwischensumme	3,7	3,0	3,8
Endsumme	17,0	14,9	16,3

Bild 33: Beispiel einer Hardware- und Softwareauswahl

Einzelbewertung: Hardware und Systemsoftware (1)			
Merkmal	Anlage 1	Anlage 2	Anlage 3
Zentraleinheit			
- Aufbau u. Arbeitsweise	Dialogsystem	Dialogsystem	Dialogsystem
- Zykluszeit	380 Nanosek.	1,2 Mikrosek.	600 Nanosek.
- Kapazität	256 KB	256 KB	256 KB
- Erweiterungsmöglichkeit	512 KB	512 KB	512 KB
Bildschirmgeräte			
- Bedienungskomfort	sehr gut	gerade noch ausreichend	gut
- Kabellänge	2.000 m	1.500 m	150 m
- Erweiterungsmöglichkeit	max. 16	max. 12	max. 16
Drucker			
- Art	Zeilendrucker	Zeilendrucker	Zeilendrucker
- Leistung	18.000 Zeilen/Std.	12.000 Zeilen/Std.	12.000 Zeilen/Std.
- Zeilenbreite	132 Stellen	132 Stellen	120 Stellen
- Erweiterungsmöglichkeit	36.000 Zeilen/Std.	12.000 Zeilen/Std.	18.000 Zeilen/Std.
Magnetplattenspeicher			
- Art	fest/wechsel	fest	wechsel
- Kapazität	2 x 20 MB	2 x 24 MB	2 x 30 MB
- Ø Zugriffszeit	38 Millisek.	46,5 Millisek.	40 Millisek.
- Erweiterungsmöglichkeit	4 x 20 MB	6 x 24 MB	4 x 60 MB
Diskettengeräte	-----		-----
- Art		Diskettenmagazine	
- Kapazität		10 x 256 KB	
- Übertragungszeit		312.000 Bytes/Sek.	
- Erweiterungsmöglichkeit		max. 2 Geräte	

Bild 34 (1): Einzelbewertung Hardware und Systemsoftware (1)

Einzelbewertung: Hardware und Systemsoftware (2)			
Merkmal	Anlage 1	Anlage 2	Anlage 3
<u>Betriebssystem</u>			
- Größenordnung	40 KB	32 KB	20 KB
- Dialogfähigkeit	voll	teilweise	voll
- Systemsicherung	ausreichend	gut	gerade noch ausreichend
<u>Dienstprogramme</u>			
- Umfang	ausreichendes Angebot	knappes Angebot	ausreichendes Angebot
- Programmiererkomfort	gut	befriedigend	sehr gut
- Bedienerkomfort	sehr gut	ausreichend	gut
- Anwendungsmoduln (Unterprogramme)	ausreichend	ausreichend	ausreichend
<u>Übersetzungsprogramme</u>			
- BASIC	vorhanden	-----	vorhanden
- RPG	-----	vorhanden	-----
- COBOL	-----	vorhanden	-----
- Sonstige	-----	FORTRAN	-----

Bild 34 (2): Einzelbewertung Hardware und Systemsoftware (2)

Einzelbewertung: Anwendungssoftware			
Merkmal	Anlage 1	Anlage 2	Anlage 3
Auftragsbearbeitung u. Fakturierung	ABC-System(Standard)	individuell	individuell
- Kaufpreis/Miete	11.800,-/420,- mtl.	8.500,-/	12.000,-/
- Integrationsgrad	sehr gut	gut	fraglich
- Anpassungsaufwand	ca. 2 Mannmonate	-----	-----
Finanzbuchhaltung	ABC-System(Standard)	INTEG-System (Standard)	individuell
- Kaufpreis/Miete	8.000,-/275,- mtl.	6.500,-/	7.800,-/
- Integrationsgrad	sehr gut	gut	ausreichend
- Anpassungsaufwand	ca. 1 Mannmonat	ca. 1/2 Mannmonat	-----
Materialbestandsführung	ABC-System(Standard)	INTEG-System (Standard)	MABE (Standard)
- Kaufpreis/Miete	7.500,-/245,- mtl.	8.500,-/	6.250,-/
- Integrationsgrad	sehr gut	gut	gut
- Anpassungsaufwand	ca. 2 Mannmonate	ca. 1 Mannmonat	ca. 1/2 Mannmonat
Lohn- u. Gehaltsabrechnung	ABC-System(Standard)	INTEG-System (Standard)	LOGE (Standard)
- Kaufpreis/Miete	9.500,-/380,- mtl.	12.000,-/	9.800,-/
- Integrationsgrad	sehr gut	gut	gut
- Anpassungsaufwand	ca. 1/2 Manntag	ca. 1 Manntag	ca. 2 Manntage

Bild 34 (3): Einzelbewertung Anwendungssoftware

Einzelbewertung: Kosten			
Merkmal	Anlage 1	Anlage 2	Anlage 3
Hardwarekosten			
- Kaufpreis	215.000,-	238.000,-	198.000,-
- Mietkosten incl. Wartung	5.281,- mtl.	5.856,- mtl.	-----
- Wartungskosten (Kauf)	890,- mtl.	1.250,- mtl.	795,- mtl.
Kosten Systemsoftware			
- Betriebssystem - Dienstprogramme - Übersetzungsprogramme	350,- mtl.	460,- mtl.	200,- mtl.
Kosten Anwendungssoftware			
- Auftragsbear. u. Fakturierg.	11.800,-	8.500,-	12.000,-
- Finanzbuchhaltung	8.000,-	6.500,-	7.800,-
- Materialbestandsführung	7.500,-	8.500,-	6.250,-
- Lohn- u. Gehaltsabrechnung	9.500,-	12.000,-	9.800,-
	36.800,-	35.500,-	35.850,-
Sonstige Kosten			
- Einmalkosten	2%	1%	-----
- Schulungskosten	ca. 8.000,-	ca. 5.000,-	-----
- Kosten Zubehör	unbekannt	unbekannt	unbekannt
- Kosten Manntag	1.200,-	850,-	1.050,-

Bild 34 (4): Einzelbewertung Kosten

Einzelbewertungen: Serviceleistungen			
Merkmal	Anlage 1	Anlage 2	Anlage 3
<u>Marktreife der Anlage</u>			
- seit wann auf dem Markt?	1978	1980	1976
- seit wann in Deutschland?	1978	1980	1977
- Anzahl Installationen in Deutschland?	75	5	150
<u>Wartungsdienst</u>			
- Technikerservice	gut	gut	unbekannt
- Systemservice	gut	unbekannt	sehr gut
- Wartung: Intervall u. Umfang	mtl. 4 Std.	wöch. 2 Std.	mtl. 2 Std.
<u>Schulungsmöglichkeiten</u>			
- Schulungsort	Frankfurt	München	Köln
- Schulungsangebot	ausreichend	mittelmäßig	ausreichend
<u>Vertragsbedingungen</u>			
- Zahlungsmodus	50% Anzahlung	20% Anzahlung	100% bei Lieferung
- kostenlose Testzeit	40 Std.	unbegrenzt	100 Std.
- Lieferzeit	6 Monate	15 Monate	9 Monate
- Herstellerunterstützung	sehr gut	befriedigend	gut

Bild 34 (5): Einzelbewertung Serviceleistungen

3.34 *Probleme beim Einsatz von Anwendungssoftware*

Da der Einsatz eines MDT-Systems (von Ausnahmen für Einzelanwendungen abgesehen) im allgemeinen nur dann sinnvoll und wirtschaftlich ist, wenn in erheblichem Umfange vorgefertige Softwarepakete (Standard-Anwendungssoftware) verwendet werden können, möchten wir an dieser Stelle noch einmal die besonderen Probleme bei der Auswahl von Softwarepaketen zusammenfassen. Dies erscheint uns umso wichtiger, als gerade auf dem Gebiet der Softwareprodukte in der Praxis erhebliche Unkenntnis herrscht und gravierende Fehler mit entsprechenden negativen Konsequenzen begangen werden.

Fragen und Merksätze für die Softwareauswahl

Frage 1

Deckt das Programmpaket die Anforderungen voll oder zum größten Teil ab?
Merksatz: Ein Standard-Programmpaket ist im allgemeinen nur dann wirtschaftlich einsetzbar, wenn es mindestens 80 % des benötigten Umfangs abdeckt.

Frage 2

Läßt sich das Programmpaket in vorhandene oder geplante Lösungen integrieren?
Merksatz: Ein Standard-Programmpaket sollte alle wichtigen Anschlüsse zu benachbarten Programmen haben und keine Insellösung darstellen.

Frage 3

Kann das Programmpaket ohne Eingriffe in seine Struktur den Bedürfnissen des Unternehmens angepaßt werden?
Merksatz: Eine Anpassung in "Randgebieten" (beispielsweise die Programmierung einer zusätzlichen statistischen Auswertung) ist meist unproblematisch; ein Eingriff in die innere Struktur des Paketes führt aber meist zu einem "Programm-Flickenteppich", der nicht nur einen hohen Anpassungsaufwand erfordert, sondern auch die Handhabung und Pflege erheblich erschwert. Sofern dies mög-

lich ist, sollte die eigene Organisation den Anforderungen des Programmpaketes angepaßt und nicht aus einem Standardprogramm eine individuell zugeschnittene Programmlösung gemacht werden.

Frage 4

Welche Größenordnung haben die Anpassungskosten im Verhältnis zum Kaufpreis des Programmpaketes?
Merksatz: Die Anpassungskosten sollten 20 bis 30 % des Paketpreises nicht übersteigen, weil sonst die Gefahr besteht, daß die Gesamtkosten beim Einsatz eines Standard-Programmpaketes höher werden als bei individueller Programmierung.

Frage 5

Werden die Mitarbeiter der betreffenden Fachabteilung ausreichend und hauptverantwortlich an der Auswahl und Entscheidung über Standard-Anwendungssoftware beteiligt?
Merksatz: Hauptaktivität und Hauptverantwortung bei der Auswahl und beim Einsatz von Standard-Anwendungssoftware müssen unbedingt bei den Mitarbeitern der Fachabteilungen liegen, weil nur sie selbst ihre Tatbestände und Anforderungen in allen Einzelheiten kennen und abschätzen können, welche Anpassungen erforderlich sind.

Frage 6

Erhält der Anwender für das angebotene Standard-Programmpaket ausreichende Dokumentationsunterlagen und die Quellenprogramme?
Merksatz: Nur wer ausreichende und übersichtlich dargestellte Dokumentationsunterlagen besitzt, wie Anwenderhandbuch, Programm- und Datenbeschreibungen, kann auftauchende Fragen beantworten sowie selbst Änderungen und Erweiterungen vornehmen; letzteres hängt zusätzlich davon ab, ob auch die Ursprungsprogramme (Quellenprogramme) im Besitz des Anwenders sind.

Frage 7

Umfaßt das Programmpaket über die reine Datenverarbeitung hinaus auch die Bereitstellung von Informationen und Führungskennziffern?

Merksatz: Ein Programmpaket, das nicht auch Anzeige und Ausdruck aktueller und aussagefähiger Informationen und Kennziffern ermöglicht, gehört einem überholten EDV-Zeitalter an.

Frage 8

Ist das angebotene Programmpaket voll oder zumindest teilweise dialogfähig?
Merksatz: Da gerade MDT-Systeme für eine Kommunikation zwischen Mensch und Computer entwickelt wurden, ist es unabdingbar, daß die Programmpakete auch die Möglichkeit bieten, Daten im Dialog eingeben und Informationen jederzeit vom Computer abrufen zu können.

Frage 9

Garantiert der Anbieter praktikable Wartezeiten bei Dialogeingabe und Auskünften?
Merksatz: Die Wartezeiten an den Bildschirmgeräten sind von erheblicher Bedeutung für die Beurteilung der Effizienz eines Programmpaketes; es sollte garantiert werden, daß diese Zeiten 3 Sekunden bei der Eingabe und 5 Sekunden bei der Ausgabe im Durchschnitt nicht übersteigen.

Frage 10

Garantiert das Programmpaket eine einfache Handhabung für die Bediener der Bildschirmgeräte?
Merksatz: Moderne und effiziente Standardprogramme bedienen sich der "Menütechnik", die dem Bediener eine einfache, schnelle und sichere Zugriffsmöglichkeit zu den Datenbeständen gestattet.

3.4 Einsatzplanung

3.41 *Terminplanung*

Der Einsatz eines MDT-Systems vollzieht sich in mehreren Stufen, für die die einzelnen Aktivitäten rechtzeitig und ordnungsgemäß geplant werden müssen. Die Terminplanung erstreckt sich auf

- die Umstellungsstufen
  (Reihenfolge der umzustellenden Arbeitsgebiete)
- die Installationsstufen
  (Erweiterung des MDT-Systems in Abstimmung mit den Umstellungsstufen der Arbeitsgebiete)
- organisatorische Maßnahmen
  (Schaffen der struktur- und ablauforganisatorischen Voraussetzungen)
- personelle Maßnahmen
  (Beschaffung und Ausbildung des Personals)
- räumliche Maßnahmen
  (Ausbau und Einrichtung der Räume einschließlich der Maßnahmen für Stromversorgung und Klimatisierung).

Als Hilfsmittel für die Terminplanung genügt im allgemeinen das Balkendiagramm; die Netzplantechnik wird hier seltener verwendet.

Bei der Terminplanung für den Einsatz eines MDT-Systems kommt es auf folgende Einzelheiten an:

- Die Termine müssen realistisch sein; dies gilt insbesondere für die Umstellung, bei der (beim Einsatz von Standardsoftware!) ein Umstellungszeitraum von 3 bis 6 Monaten je Arbeitsgebiet angesetzt werden muß.
- Die Reihenfolge der umzustellenden Arbeitsgebiete sollte sich entweder an der Erfolgsmaximierung orientieren (wo ist der größte Nutzen zu erzielen?) oder dem Datenfluß folgen (Beispiel: Auftragsbearbeitung und Fakturierung, Finanzbuchhaltung, Lagerbestandsführung, Lohn- und Gehaltsabrechnung, Fertigungsorganisation und Bestellwesen, Kostenrechnung).
- Die Umstellungs- und die Installationsstufen müssen aufeinander abgestimmt sein (Ausbau des MDT-Systems entsprechend der Umstellung der Arbeitsgebiete).
- Es sind nicht nur die Umstellungen und Systemerweiterungen, sondern auch alle übrigen organisatorischen, personellen und räumlichen Maßnahmen zu planen.

Bild 35 zeigt das Beispiel einer Terminplanung für den Einsatz eines MDT-Systems.

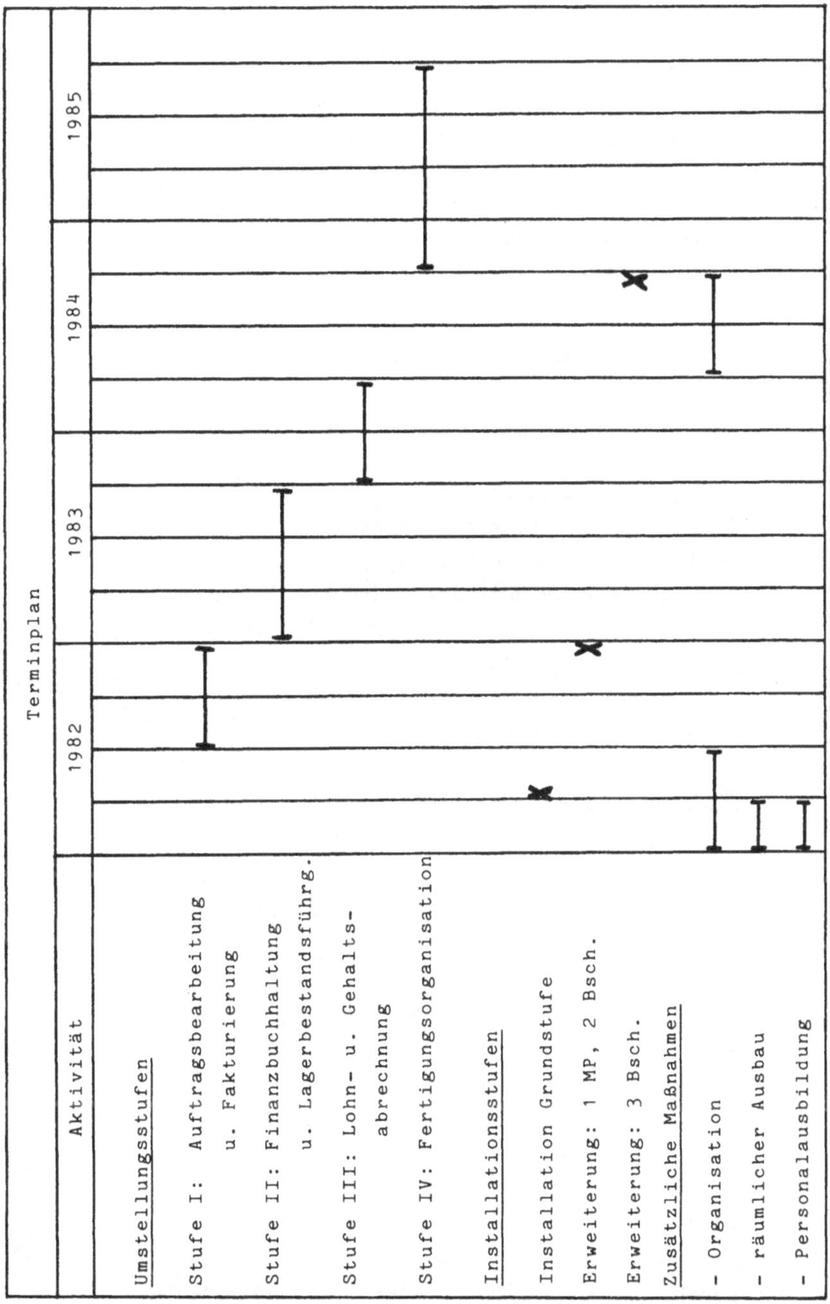

Bild 35: Terminplan für den MDT-Einsatz (Beispiel)

3.42 *Personal- und Raumplanung*

Personalplanung

Entgegen der häufig vom Hersteller verbreiteten Ansicht, daß ein System der mittleren Datentechnik allein von den Mitarbeitern in den Fachabteilungen gesteuert werden kann, benötigt man auch beim Einsatz eines MDT-Systems eine minimale EDV-Personalausstattung. Sieht man einmal von sehr kleinen Systemen mit begrenzter Anwendung ab, so kann man beim Einsatz eines MDT-Systems von folgendem Personalbedarf ausgehen:

- 1 bis 2 zentrale EDV-Fachkräfte

  Diese kommen meist aus dem Unternehmen, werden rechtzeitig in der EDV geschult (meist beim Hersteller) und übernehmen dann das zentrale Operating (Bedienung des Systems wie zum Beispiel Datensicherung, Papierwechsel am Drucker, Regenerierung von Datenbeständen) sowie die Programmpflege (kleine Änderungen und Erweiterungen der Standardprogramme). Sofern nur ein einziger Mitarbeiter für die zentrale EDV-Funktion vorgesehen ist, muß beim Operating für Ersatz bei Personalausfall gesorgt werden.

- Erfassungskräfte für die Bildschirmgeräte

  Je Bildschirmgerät sind 2 (besser 3) Bedienungskräfte vorzusehen, die abwechselnd die Geräte bedienen, um eine ausreichende Sicherheit bei Personalausfall zu gewährleisten.

- EDV-Kontaktleute in den Fachabteilungen

  Je Fachabteilung (besser: je Fachbereich, wie zum Beispiel für den Vertrieb, die Finanzbuchhaltung und das Rechnungswesen, die Materialwirtschaft und die Fertigungsorganisation) werden 1 bis 2 sogenannte EDV-Kontaktleute benötigt, die über minimale EDV-Kenntnisse verfügen, und die zusammen mit den zentralen EDV-Kräften die Arbeitsgebiete umstellen, pflegen und handhaben.

Während die EDV-Kräfte (Operator/Programmierer) sich voll den EDV-Aufgaben widmen, sind die Erfassungskräfte und EDV-Kontaktleute Mitarbeiter der von der EDV betroffenen Fachabteilungen, die Daten eingeben bzw. bei Umstellungen mitwirken. Im einzelnen sind auch Erfasserinnen anzutreffen, die ganztäglich Daten erfassen und über die Bildschirmgeräte eingeben. Doch ist im allgemeinen von dieser Lösung, die den Datatypistinnen bei der "Groß-EDV" entspricht, abzuraten, weil gerade eine Reihe von Vorteilen darin liegt, daß die Sachbearbeiter selbst ihre Daten eingeben und Informationen abrufen. Außerdem ist eine ganztägige Arbeit am Bildschirmgerät auf Dauer kaum durchzustehen.

Neben der Frage des erforderlichen Personalbedarfs ist die Ausbildung der genannten Kräfte von großer Bedeutung. Aufgrund langjähriger Erfahrungen empfehlen wir folgende Mitarbeiterschulung:

- <u>Zentrale EDV-Fachkräfte</u>
  EDV-Grundlagen, Bedienung des betreffenden MDT-Systems, Programmierung. Die Seminare hierfür werden am besten bei dem Hersteller des MDT-Systems belegt und umfassen an reiner Ausbildungszeit etwa 4 bis 6 Wochen.

- <u>Erfassungskräfte für die Bildschirmgeräte</u>
  Die Schulung für diese Kräfte besteht in einer Einweisung am Gerät selbst und wird unmittelbar vor Übernahme des Arbeitsgebietes auf den Computer durchgeführt (Aufwand: 2-3 Tage je Arbeitsgebiet).

- <u>EDV-Kontaktleute in den Fachabteilungen</u>
  Für diese Mitarbeiter genügt eine firmeninterne Schulung von 3 bis 5 Tagen: Einführung in die EDV-Grundlagen, Zusammenarbeit zwischen EDV und Fachabteilungen. Es ist vorteilhaft, auch die übrigen qualifizierten Fachkräfte an einer solchen Schulung teilnehmen zu lassen.

Raumplanung

Obwohl man ein MDT-System auch innerhalb eines normalen Büroraums aufstellen kann, empfiehlt es sich aus Lärm- und Sicherheitsgründen, hierfür einen getrennten Raum vorzusehen. Zu den weiteren Fragen, die es hinsichtlich der Raumplanung zu beachten gilt, gehören:

- Das Rechenzentrum für das zentrale MDT-System (Zentraleinheit, Magnetplattenspeicher, Drucker ohne Bildschirmgeräte) sollte groß genug und minimal klimatisiert sein (Vorschriften des Herstellers beachten!).
- Das Rechenzentrum muß ausreichend gegen Katastrophen gesichert sein (Verwendung schwer brennbaren Materials, Türen als Brandschotts, Rauchverbot, geeignete Feuerlöscher); Angaben hierüber sind beim Hersteller oder bei den Versicherungsgesellschaften zu erfahren.
- Das MDT-System sollte an einer eigenen elektrischen Hauptleitung angeschlossen sein, um Störungen und Ausfälle zu minimieren.
- Aus Sicherheitsgründen sollte das Rechenzentraum abgeschlossen sein und nur vom EDV-Personal betreten werden dürfen (Closed-Shop-Betrieb).
- Auch für das Zubehör (Magnetplatten, Disketten) und das Verbrauchsmaterial (Formulare, Tabellierpapier) müssen ausreichende Aufbewahrungsmöglichkeiten zur Verfügung stehen. Ähnliches gilt für die Papiertrenn- und -schneidemaschine, die in der Nähe des Rechenzentrums (aus Gründen der Staubentwicklung aber nicht im Maschinenraum selbst) aufgestellt werden sollte.

3.43 *Kosten-/Nutzenanalyse*

Der Einsatz eines Computers darf weder ein Statussymbol sein noch einem allgemeinen Modetrend folgen, sondern muß allein ökonomisch begründet werden. Der Ersatz altersschwacher Buchungs- und Fakturiermaschinen, die langfristige Einsparung von Personal, aber auch eine große Transparenz des Betriebsgeschehens und die bessere Versorung der Geschäftsleitung mit aktuellen Führungskennziffern können einen erheblichen Nutzen bei der Anschaffung und beim Einsatz eines MDT-Systems darstellen, auf die auch ein Klein- oder Mittelbetrieb langfristig nicht verzichten kann.

Obwohl eine Kostenplanung im Bereich der EDV nicht ganz einfach ist und der Nutzen sich vielfach nicht genau bewerten läßt, sollte man dennoch unbedingt vor Anschaffung eines MDT-Systems eine Kosten-/Nutzenanalyse durchführen, weil

- die EDV-Kosten bei vielen Unternehmen eine erhebliche Fixkostengröße darstellen
- das Unternehmen langfristig an das gewählte Verfahren (und damit auch an die EDV-Kosten) gebunden ist und
- erhebliche EDV-Kosten vorgeleistet werden müssen, bevor ihnen ein adäquater Nutzen gegenübersteht.

Ziel und Zweck einer solchen Kosten-/Nutzenanalyse ist es,

- die EDV-Kosten, untergliedert in spezielle Kostenarten, genau zu erfassen, um ihre Entwicklung im Unternehmen verfolgen zu können
- an außerbetrieblichen EDV-Kostenvergleichen teilnehmen zu können und
- den Nutzen zu ermitteln, der den EDV-Kosten gegenübersteht.

Wie aus unserem Beispiel in Bild 36 hervorgeht, sind die EDV-Kosten in einmalige und laufende Kosten zu trennen. Einmalige EDV-Kosten sind die

- Hardwarekosten (aber nur die Installationskosten)
- Softwarekosten (für die Anschaffung von Standard-Anwendungssoftware; die Kosten können im allgemeinen steuerlich auf 3 Jahre verteilt werden)

- Personalkosten (nur Beschaffungs- und Ausbildungskosten)
- Raumkosten (Ausbau und Ausstattung) und die
- sonstigen Einmalkosten, zum Beispiel für Beratungsleistungen.

Die laufenden EDV-Kosten umfassen die

- Hardwarekosten (Miete, Leasingraten, Wartung, Abschreibung, Versicherungskosten, Zubehör)
- Softwarekosten (Systemsoftware, Pflege der Anwendungssoftware) und die
- Betriebskosten (Kosten für Energie, Büromaterial und Verbrauchsmaterial, anteilige Gemeinkosten).

EDV-Einsparungen können beim Personal, bei herkömmlichen Büromaschinen und bei den Materialkosten (aufwendige Formularsätze) liegen.

Unser Beispiel in Bild 36 zeigt eine typische Kosten-/Nutzenanalyse beim Einsatz eines Computers, bei der in den ersten 3 Jahren den EDV-Kosten noch kein entsprechender quantifizierbarer Nutzen gegenübersteht.

Der Nutzen in Form konkreter EDV-Einsparungen muß noch um einen zusätzlichen Nutzen ergänzt werden, der nicht in Geldeinheiten auszudrücken ist und dessen Wertschätzung allein der Geschäftsleitung und den anderen Führungskräften überlassen bleibt. Beispiele solchen "immateriellen Nutzens" können sein:

- Die Straffung und Vereinfachung des Verwaltungsablaufs.
- Die Verkürzung der innerbetrieblichen Durchlaufzeiten und die beschleunigte Abwicklung der Geschäftsvorfälle.
- Die bessere Termineinhaltung.
- Eine größere Übersichtlichkeit, Genauigkeit und Schnelligkeit bei Verwaltungsvorgängen.
- Durch eine beschleunigte Bereitstellung von Informationen können wirklichkeitsnahere Entscheidungen getroffen werden.

Kosten-/Nutzenanalyse			
Kosten/Einsparungen	1982	1983	1984
1. EDV-Kosten			
1.1 Einmalige Kosten			
- Hardwarekosten	-----	-----	-----
- Softwarekosten	30.000	25.000	35.000
- Personalkosten	5.000	15.000	5.000
- Raumkosten	12.000	-----	-----
- Sonstige Einmalkosten	-----	-----	-----
Zwischensumme	47.000	40.000	40.000
1.2 Laufende Kosten			
- Hardwarekosten	85.000	95.000	115.000
- Softwarekosten	10.000	15.000	20.000
- Personalkosten	105.000	115.000	125.000
- Betriebskosten	25.000	35.000	50.000
Zwischensumme	225.000	260.000	310.000
EDV-Kosten Gesamtsumme	272.000	300.000	350.000
2. EDV-Einsparungen			
- Personaleinsparungen	-----	180.000	260.000
- Maschineneinsparungen	15.000	15.000	15.000
- Materialeinsparungen	10.000	25.000	25.000
- Sonstige Einsparungen	-----	-----	-----
EDV-Einsparungen Gesamtsumme	25.000	220.000	300.000
EDV-Einsparungen : EDV-Kosten	./. 247.000	./. 80.000	./. 50.000

Bild 36: Kosten-/Nutzenanalyse (Beispiel)

- Eine Verbesserung der Materialdisposition und Reduzierung der Lagerhaltung.
- Eine Kostensenkung in der Fertigung durch verbesserte Fertigungssteuerung.
- Einsparung von Vertriebskosten durch maschinelle Marktanalysen.
- Eine Verminderung der Personalabhängigkeit und Verringerung der Überstunden.
- Verfügung über eine EDV-Reserve, die im Mehrschichtbetrieb genutzt werden kann.
- Neue Anwendungsmöglichkeiten, beispielsweise auf dem Gebiet des Operations Research.

Die Kosten-/Nutzenanalyse dient aber nicht nur der Erfassung und Gegenüberstellung von Kosten und Nutzen der EDV, sondern sie bietet zugleich die Grundlage für einen innerbetrieblichen und außerbetrieblichen EDV-Kostenvergleich. Als Faustregel für die Höhe und Entwicklung der EDV-Kosten gilt, daß sie

- langfristig wesentlich geringer steigen dürfen als der mengenmäßige Umsatz des Unternehmens (Vorteil des Computers, mehr Daten mit vergleichsweise geringeren Kosten abzuwickeln)

- in einem Industriebetrieb 0,9 % und in einem Handelsunternehmen 0,5 % des Umsatzes (Durchschnittswerte) nicht übersteigen sollten. Diese Angaben beruhen auf Marktuntersuchungen der Unternehmensberatung Diebold, Frankfurt.

3.5 Entscheidung und Vertragsverhandlungen

Bevor die Vertragsverhandlungen mit den Herstellern der in die engere Wahl gekommenen Systeme beginnen, sollte noch einmal und ohne Zeitdruck geprüft werden, ob

- die zu Beginn der Planungsarbeiten postulierte EDV-Zielsetzung technisch, personell und wirtschaftlich zu realisieren ist

- mit der Entscheidung zugunsten einer eigenen EDV die richtige Alternative gewählt wurde
- der vorgeschlagenen Hardware und Software in den Grundsätzen zugestimmt werden kann
- die personellen Voraussetzungen für den Einsatz der EDV vorhanden sind oder sich schaffen lassen und
- die EDV-Kostenbelastung finanzierbar und für die nächsten Jahre tragbar ist.

Erst wenn alle wichtigen Fragen positiv im Sinne des Unternehmens beantwortet werden können, sollte zugunsten einer eigenen EDV entschieden werden. Denn eine übereilte und nicht auf wirtschaftlichen Tatbeständen beruhende Entscheidung kann nicht nur sehr kostspielig sein, sondern auch erhebliche negative Auswirkungen auf die Organisation und die Arbeitsabläufe des Unternehmens haben.

Sobald die Entscheidung zugunsten einer eigenen EDV gefallen ist, beginnen die Vertragsverhandlungen mit den Herstellern, deren Systeme bei der Auswahl die ersten Ränge erhalten haben. Da die Hersteller letzte Konzessionen erst in der Verhandlungsphase und nicht schon beim Angebot machen, sollte man mit mindestens 2 oder 3 Herstellern weiterverhandeln.

Bei den Vertragsverhandlungen und den Inhalten der Verträge kommt es auf folgende Punkte besonders an:

<u>Hardware-Vertrag</u>

- Sofern der Hersteller des MDT-System auch die Anwendungssoftware liefert, sollte der Zahlungsbeginn nicht bei "Abnahme der technischen Betriebsbereitschaft" liegen, sondern die Zahlung für die Hardware (Kaufpreis oder erste Miete) erst erfolgen, wenn die erste Umstellungsstufe einwandfrei funktioniert (schlüsselfertige Übergabe des Systems).

- Wird die Anwendungssoftware nicht vom Hersteller des MDT-Systems, sondern von einem fremden Softwarehaus geliefert, sollte der Hersteller möglichst als Generalunternehmer fungieren, und der Softwarelieferant nur als Subunternehmer, damit die Verantwortung für die Hardware und Software zusammen beim Hersteller liegt.

- Neben der Größe der Ausstattung des Systems (im allgemeinen nach verschiedenen Installationsstufen unterteilt) muß der Liefertermin im Vertrag enthalten sein (als Fixtermin gekennzeichnet, wenn es auf einen ganz bestimmten Liefertermin ankommt).

- Sehr wichtig ist die Zusatzvereinbarung, daß das System ohne Einschränkungen dialogfähig ist, die geplanten Aufgaben quantitativ und qualitativ bewältigen kann sowie Antwortzeiten an den Bildschirmgeräten garantiert, die die Datenerfassung und die Abrufe zeitlich nicht einschränken.

- Da ein längerer Maschinenausfall, vor allem bei Dialoganwendungen, sehr störend sein kann, sollte garantiert sein, daß der Wartungstechniker nicht später als 2 Stunden nach Meldung der Störung mit den Reparaturarbeiten beginnt.

- Recht schwierig ist die Frage nach der Vertragsart (Kauf, Miete, Leasing) zu beantworten. Abgesehen, daß man nur bei den größeren Herstellern die Möglichkeit des auf 2 oder 3 Jahren begrenzten Mietvertrages hat, kommen häufig neben EDV-Merkmalen steuerliche oder finanzielle Entscheidungsgründe hinzu. Beurteilt man die Vertragsalternative allein aus der Sicht der EDV, so ist im allgemeinen der kurzfristigen Bindung auf 2 oder 3 Jahren (also dem Mietvertrag) der Vorzug zu geben. Die Gründe hierfür liegen darin, daß ein Unternehmen, das mit der Datenverarbeitung beginnt (dies ist die Mehrzahl der Firmen mit MDT-Systemen), erst Erfahrungen sammeln muß. Gegen eine langfristige Bindung spricht auch, daß die Preise für die Hardware in den letzten Jahren stark sinkende Tendenz aufweisen.

Software-Vertrag (nur Anwendungssoftware)

- Die Aufgabe, für die das Softwarepaket eingesetzt werden soll, ist genau zu spezifizieren (Grob-Lösung).

- Softwareprodukt (Nutzungsrechte) und Anpassung (Programmierungsarbeiten) sollten in einem gemeinsamen Werkvertrag enthalten sein (kein getrennter Werkvertrag für das Produkt und Dienstleistungsvertrag für die Anpassung!).

- Der Einsatzbeginn des Softwareproduktes ist als unverbindlicher Wunschtermin oder als verbindlicher Fixtermin zu kennzeichnen.

- Verantwortung und Aufgaben sowohl des Softwarelieferanten als auch des Anwenders sind genau zu beschreiben (die Projektleitung sollte allein beim Softwarelieferanten liegen!).

- Neben einer ausreichenden Dokumentation (Anwenderhandbuch, Programm- und Dateibeschreibungen, Bedienungsanleitungen) sollten (vor allem bei kleineren Softwareanbietern) auch die Quellenprogramme übergeben werden, damit der Anwender selbst Programmänderungen und -erweiterungen vornehmen kann.

- Für die Einführungsunterstützung sollte eine genügende Anzahl Arbeitstage durch den Softwarelieferanten erbracht werden, die im Preis enthalten sein müssen.

- Es ist besonders auf Garantien und Gewährleistungen zu achten, für die wir die Allgemeinen Geschäftsbedingungen des BDU (Bund Deutscher Unternehmensberater, Fachgruppe EDV) empfehlen.

- Die Zahlung der Softwarekosten je Umstellungsstufe (Nutzungsgebühr und fest pauschalierte Anpassungskosten) sollte nach Arbeitsfortschritt in Stufen erfolgen, beispielsweise 1/3 bei Vorlage und Abnahme der Fein-Lösung, 1/3 bei Programmabnahme und 1/3 ein bis zwei Monate nach Praxisanlauf (eine Anzahlung bei Vertragsunterschrift sollte nicht geleistet werden).

- Neben der für 6 bis 12 Monate vereinbarten kostenlosen Gewährleistung wird der Abschluß eines zusätzlichen Wartungsvertrages empfohlen, sofern das Programmpaket nicht von den eigenen Programmierern gepflegt werden soll (was bei einfacheren Softwarepaketen aus zeitlichen und kostenmäßigen Gründen vorzuziehen ist). Die eigene Wartung darf aber nicht innerhalb der Gewährleistung erfolgen, da diese sonst entfällt.

4. Einrichtung und Betrieb von MDT-Systemen

4.1 Umstellung der Arbeitsgebiete

4.11 *Einleitung und Übersicht*

Die Umstellung eines Arbeitsgebietes auf die EDV muß systematisch, einheitlich und unter Verwendung standardisierter Hilfsmittel ablaufen. Zweckmäßigerweise unterteilt man die Umstellungsarbeiten in die 5 Projektstufen

- Analyse
  (Aufgaben- und Mengenanalyse; in der Praxis auch als Istaufnahme oder Problemanalyse bezeichnet)

- Grob-Lösung
  (in der Praxis auch Soll-Konzept oder Grobkonzeption genannt)

- Fein-Lösung
  (oder Detailorganisation)

- Programmierung
  (bei Einsatz von Standard-Anwendungssoftware = Programmanpassung) und

- Einführung
  (auch als Übergabe oder Systemeinführung bezeichnet).

Bevor jetzt mit der "Umstellung im engeren Sinne" (also mit der Fein-Lösung) begonnen werden kann, ist zu prüfen, ob die Ergebnisse der Analyse und Grob-Lösung aus der Planungsphase übernommen werden können oder ob sie noch einmal zu überarbeiten oder zu ergänzen sind. Letzteres ist im allgemeinen dann der Fall, wenn zwischen Planungs- und Umstellungsphase eine größere Zeitspanne liegt oder die damaligen Ergebnisse nicht aussagefähig genug waren. In allen anderen Fällen wird man auf eine Wiederholung der Analyse und Grob-Lösung verzichten und unmittelbar mit der Fein-Lösung beginnen.

Bild 37 zeigt noch einmal eine Übersicht über die Gesamtarbeiten bei der Umstellung eines Arbeitsgebietes unter Einbeziehung der Analyse und der Grob-Lösung.

EDV-Projektstufen				
Projektstufe	Inhalt	Ergebnis	Durchführung	Kontrolle FA
Analyse	Aufgaben- u. Datenmengengerüst	Auswahlbogen, Datenmengengerüst	EDV-Fachkräfte unter Mitwirkung der EDV-Kontaktleute	-----
Grob-Lösung	Entwurf des EDV-Grobkonzeptes	Grob-Datenflußplan	EDV-Fachkräfte unter Mitwirkung der EDV-Kontaktleute	Präsentation der Grob-Lösung, Entscheidung über EDV-Grobkonzept
Fein-Lösung	Entwicklung des EDV-Feinkonzeptes	Fein-Datenflußplan, Listbilder, Bildschirmmasken, Satzaufbauten, Verarbeitungsregeln	EDV-Fachkräfte	Überprüfung der Programmvorgaben
Programmierung	Erstellen der individuellen Programme bzw. Anpassung der Standard-Software	Programme	EDV-Fachkräfte	-----
Einführung	Übern. d. Stamm- u. Best.daten, Abschlußtests, Ausarb. d. Dokument., Übergabe, Nachkalkulation	Abschlußdokumentation	EDV-Fachkräfte unter Mitwirkung der EDV-Kontaktleute	Erstellen der Testdaten, Auswertung der Testergebnisse, Freigabe der Programme

Bild 37: EDV-Projektstufen

4.12 *Fein-Lösung*

Einleitung

Während die Arbeiten der Analyse und der Grob-Lösung anwendungsbezogen und damit überwiegend systemunabhängig sind, müssen bei der Entwicklung der Fein-Lösung die Größe und Ausrüstung des MDT-Systems sowie die Spezifikationen der Systemsoftware genau bekannt sein und berücksichtigt werden. Gleiches gilt für die Anwendungssoftware, bei der die Frage, ob ein Standard-Programmpaket eingesetzt werden kann oder die Software individuell gefertigt werden muß, die weitere Vorgehensweise in erheblichem Maße beeinflußt. Während im Falle der individuellen Programmierung alle Einzelheiten der Fein-Lösung entwickelt und dargestellt werden müssen, kann man sich beim Einsatz von Standard-Anwendungssoftware darauf beschränken, die im Softwarepaket vorhandenen Listbilder, Bildschirmmasken, Satzaufbauten und Rechenformeln auf Übereinstimmung mit den eigenen Anforderungen zu vergleichen und die notwendigen Anpassungen zu definieren (die Grundsatzfrage, ob das betreffende Arbeitsgebiet überhaupt mit Hilfe von Standardsoftware abgewickelt werden kann, wird üblicherweise bereits in der Planungsphase entschieden).

Unabhängig von der Frage "Eigenentwicklung oder Anpassung" sind in der Projektstufe Fein-Lösung folgende Arbeiten durchzuführen und Komponenten festzulegen:

- Schaffen der erforderlichen Voraussetzungen
  (Beispiele: Festlegung EDV-gerechter Schlüssel, Bildung von Abstimmkreisen, sachliche und zeitliche Abgrenzung gegenüber anderen Arbeitsgebieten, Ermitteln der Anschlußpunkte zu benachbarten Arbeitsgebieten, Schaffung der organisatorischen und personellen Voraussetzungen).

- Entwickeln des Fein-Datenflußplans
  (abgeleitet aus dem Grob-Datenflußplan wird der Fein-Datenflußplan entwickelt, der nicht mehr anwendungsbezogen ist, sondern sich auf den späteren Ablauf im Computer bezieht).

- Bestimmen der EDV-Komponenten
  (Festlegung der Eingabe-, Speicherungs- und Ausgabedaten sowie der Verarbeitungsregeln).

- Zusammenstellen der Programmvorgaben
  (bzw. der Anpassungsvorschriften im Falle von Standard-Anwendungssoftware).

Bei der Erarbeitung der zeit- und personalaufwendigen Fein-Lösung kommt es auf große Sorgfalt und Genauigkeit an, weil die Ergebnisse dieser Projektphase unmittelbar in die Programme eingehen (Fehler in der Fein-Lösung sind in der Regel auch Fehler in den Programmen!).

Schaffen der erforderlichen Voraussetzungen

Man sollte grundsätzlich davon ausgehen, daß bei Einsatz eines Computers "nicht alles beim alten bleibt", sondern daß erhebliche Änderungen im personellen Bereich sowie in der Struktur- und Ablauforganisation erforderlich sind. Umfang und Art der notwendigen Voraussetzungen und Wandlungen sind naturgemäß von Unternehmen zu Unternehmen verschieden und hängen vor allem vom Organisationsstand des Unternehmens ab. Aus diesem Grunde wollen wir nur einige Beispiele solcher Veränderungen nennen und uns darüber hinaus intensiv mit der Verschlüsselung befassen, die allen Unternehmen, die mit der EDV beginnen, besondere Schwierigkeiten bereitet.

Beispiele für personelle und organisatorische Voraussetzungen beim Einsatz der MDT sind:

- Verlagerung von Verantwortung und Befugnissen in Routinefragen von den Führungskräften auf die Sachbearbeiterebene
  (Merke: Die Arbeit am Bildschirmgerät darf nicht aufgehalten werden, bis der Vorgesetzte eine Routineentscheidung getroffen hat).

- Bestimmung einer zentralen Stelle für die Stammdatenpflege

(Merke: Stammdaten, wie beispielsweise die Kundenstammdaten, die von mehreren Stellen gemeinsam genutzt werden, sind zentral von einer einzigen Stelle zu pflegen).

- Festlegung der Schnittstellen zu benachbarten Arbeitsgebieten
  (Merke: An die Stelle einzelner, von einander unabhängiger Insellösungen treten heute integrierte Computeranwendungen, bei denen klar definierte Schnittstellen zwischen den einzelnen Arbeitsgebieten bestehen müssen, beispielsweise zwischen der Auftragsbearbeitung, Fakturierung, Debitorenbuchhaltung, Lagerbestandsführung und Kostenrechnung, und für die die Ursprungsdaten nur ein einziges Mal erfaßt werden dürfen).

- Rationalisierung von Tätigkeiten, die der EDV vorgelagert sind
  (Merke: Eine Lagerbestandsführung, Fertigungssteuerung und Bestellrechnung per EDV sind beispielsweise nur dann sinnvoll, wenn jede körperliche Materialbewegung vollständig und zeitgerecht erfaßt wird).

- Lockerung der Abteilungsgrenzen
  (Merke: Da sich Computerabläufe nicht an Abteilungsgrenzen, sondern ausschließlich an abteilungsübergreifende Datenflüsse orientieren, darf der bestehende Istzustand nicht auf den Computer übertragen werden. Vielmehr sind die Abläufe, unter Einbeziehung der manuellen Tätigkeiten, so zu gestalten, daß an die Stelle einer "Automation zu Fuß" ein geschlossener Kreislauf aus manuellen und maschinellen Schritten tritt, bei dem die Verarbeitungs- und Kontrollmöglichkeiten des Computers voll genutzt werden).

Eine weitere, sehr wesentliche Voraussetzung ist, wie schon angekündigt, die computergerechte Verschlüsselung der zu speichernden Daten. Denn nur, wenn die Daten eindeutige, meist numerische Kurzbezeichnungen tragen, sind sie im Speicher zu identifizieren. So werden beispielsweise über die Kunden-Nr. der gewünschte Kundenstammsatz, über die Rechnungs-Nr. der Buchungssatz und über die Artikel-Nr. der Artikelstammsatz auf der Magnetplatte aufgerufen.

Nach ihrem Verwendungszweck unterscheiden wir Ordnungsbegriffe von hinweisenden Schlüsseln. Während der wichtige Ordnungsbegriff einen bestimmten Datensatz im Speicher identifiziert (beispielsweise sind alle Kundenstammsätze aufsteigend nach dem Ordnungsbegriff "Kunden-Nr." geordnet), sind hinweisende Schlüssel, ohne Ordnungsbegriff zu sein, nur zusätzlich im Stammsatz gespeichert. So können beispielsweise neben der Kunden-Nr. als Ordnungsbegriff ein Länderkennzeichen, die Kundenart oder die Vertreter-Nr. als hinweisende Schlüssel mitgespeichert sein. Durch Umsortierung der nach Kunden-Nummern gespeicherten Stammsätze können jederzeit Auswertungen nach den zusätzlichen Schlüsseln vorgenommen werden.

Nach ihrer Art werden die Schlüssel in klassifizierende (sprechende) und identifizierende (fortlaufende) Schlüssel oder einer Mischung aus beiden Schlüsselarten unterteilt. Bild 38 zeigt das Beispiel eines Schlüssels, getrennt nach klassifizierendem und identifizierendem Schlüssel.

Ein klassifizierender Schlüssel hat für den Menschen den Vorteil, daß aus ihm alle wissenswerte Einzelheiten unmittelbar hervorgehen. Für die EDV ist ein solcher Schlüssel viel zu lang (was mehr Dateneingabe bedeutet), hat zu viele Lücken (denn nicht jeder "Unterschlüssel" ist ja voll besetzt) und kann sich leicht ändern (beispielsweise ändert sich durch eine Gebietsreform die Postleitzahl). Im Falle einer Schlüsseländerung müssen alle Dateien geändert werden, die diesen Schlüssel verwenden, desgleichen alle Programme, die auf diese Dateien zugreifen.

Ein identifizierender Schlüssel ist kurz, hat keine Lücken, und kann sich nicht durch äußere Einflüsse ändern. Sein Nachteil besteht darin, daß aus ihm Kennzeichnungen für den Menschen nicht abzulesen sind.

Klassifizierende Kunden-Nr.

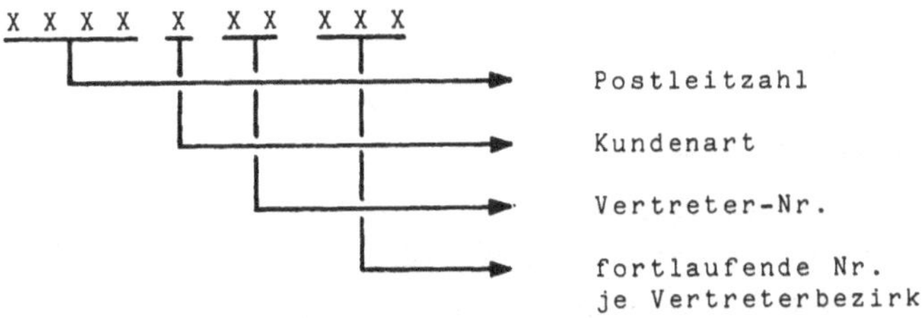

Identifizierende Kunden-Nr.

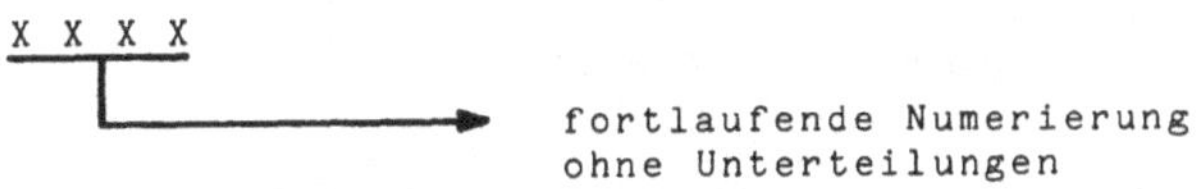

Kundenstammsatz mit Ordnungsbegriff und Schlüssel

Kunden-Nr.	"Schlüsselleiste"					Name und Anschrift
	Kundenart	Land	Vertreter-Nr.	Gebiets-Nr.	Sonder-KZ	
Ordnungsbegriff	hinweisende Schlüssel					

Bild 38: Schlüssel

Um den genannten Nachteil zu vermeiden, greift man zu einer Kombination der beiden Schlüsselarten. Beispielsweise wählt man als Ordnungsbegriff für die Kundenstammdatei die "Ident-Nummer" (= ein identifizierender Schlüssel), während alle anderen klassifizierenden Schlüssel innerhalb des Datensatzes in einer "Schlüsselleiste" mitgespeichert werden. Diese Vorgehensweise hat folgende Vorteile:

- Der Ordnungsbegriff ist rein identifizierend mit allen für die EDV verbundenen Vorteilen.

- Durch die Mitspeicherung weiterer Schlüssel können jederzeit Auswertungen nach diesen Schlüsseln vorgenommen und die Schlüssel selbst bei jedem Ausdruck und jeder Anzeige sichtbar gemacht werden.
- Durch die Schlüssel-Kombination werden sowohl die Sicherheit und Kontinuität der Speicherung gewährleistet (ein Kunde kann nicht dadurch "verschwinden", daß er eine neue Kunden-Nummer erhält), als auch die Kennzeichnung aller interessierenden Auswertungsmerkmale, wie z.B. Kundenart, Region und Vertreter-Nummer, sichergestellt.

Ordnungsbegriffe sollten nicht nur identifizierende Schlüssel sein, sondern auch zusätzlich durch eine Prüfziffer abgesichert werden, was wir an einem Beispiel des Prüfziffernverfahrens "Modulo 11" erläutern wollen (vgl. Bild 39).

Erläuterungen des Beispiels in Bild 39: Der Schlüssel ohne Prüfziffer wird von hinten nach vorn und mit 9 beginnend multipliziert. Auf die Multiplikation folgt die Addition der Produkte und Teilung des Ergebnisses durch die Konstante 11. Der Rest wird wiederum von 11 abgezogen und ergibt so die Prüfziffer (in unserem Beispiel 9), die an den Schlüssel angehängt wird. Bei jeder Eingabe des Schlüssels (mit Prüfziffer) wird die Rechnung wiederholt und die errechnete mit der eingegebenen Prüfziffer verglichen. Stimmt die Eingabe mit dem Rechenwert nicht überein, so liegt ein Eingabefehler vor, was vom Prüfziffernprogramm auf dem Bildschirm angezeigt wird und danach von der Bedienungsperson korrigiert und neu eingegeben werden muß.

Eine weitere Sicherheit und Hilfe bei der Eingabe bietet das sogenannte Match-Code-Verfahren. Gibt ein Kunde beispielsweise auf dem Zahlungsbeleg seine Kunden-Nummer nicht an, so kann diese mit Hilfe des Match-Code-Verfahrens am Bildschirmgeröt herausgesucht werden. Zu diesem Zweck gibt die Eingabekraft (je nach Aufbau des Verfahrens) Teile des Namens und des Ortes in das Match-Code-Programm ein, z.B.

FLEMMING KG 6050 OFFENBACH
(nur die unterstrichenen Zeichen werden eingegeben!).

Errechnung einer Prüfziffer nach dem Verfahren "Modulo 11"

4 7 1 1 (Kunden-Nr. ohne Prüfziffer)

x 9 = 9

x 8 = 8

x 7 = 49

x 6 = 24

90 : 11 = 8, Rest 2

11 - 2 = 9 (Prüfziffer)

4 7 1 1 9 (Kunden-Nr. mit Prüfziffer)

Bild 39: Prüfziffernverfahren

Das Programm sucht nun alle Namen, beginnend mit FLEM, in allen Orten, beginnend mit OFF, heraus und zeigt alle zu diesen Begriffen gehörenden Datensätze auf dem Bildschirm an. Da außer dem Namen und dem Ort auch die Straße und Hausnummer sowie die Kundennummer selbst angezeigt werden, ist es für den Bediener des Bildschirmgerätes leicht, die gesuchte Kundennummer festzustellen.

Entwickeln des Fein-Datenflußplans

Abgeleitet aus dem Grob-Datenflußplan (vgl. Kapitel "3.23 Grob-Lösung") und unter Einbeziehung der Untersuchungen innerhalb der Fein-Lösung wird nun der Fein-Datenflußplan entwickelt. Der Fein-Datenflußplan ist, im Gegensatz zum anwendungsbezogenen Grob-Datenflußplan, EDV-lösungsorientiert, das heißt er lehnt sich an den späteren Computerablauf an, und enthält dementsprechend alle ablaufbezogenen Komponenten der Eingabe, Speicherung, Ausgabe und Verarbeitung.

Auch für die Darstellung des Fein-Datenflußplans werden die bekannten Sinnbilder aus DIN 66001 verwendet. Bild 40 zeigt einen Ausschnitt aus einem Fein-Datenflußplan, dargestellt am Beispiel der Auftragsbearbeitung und Fakturierung.

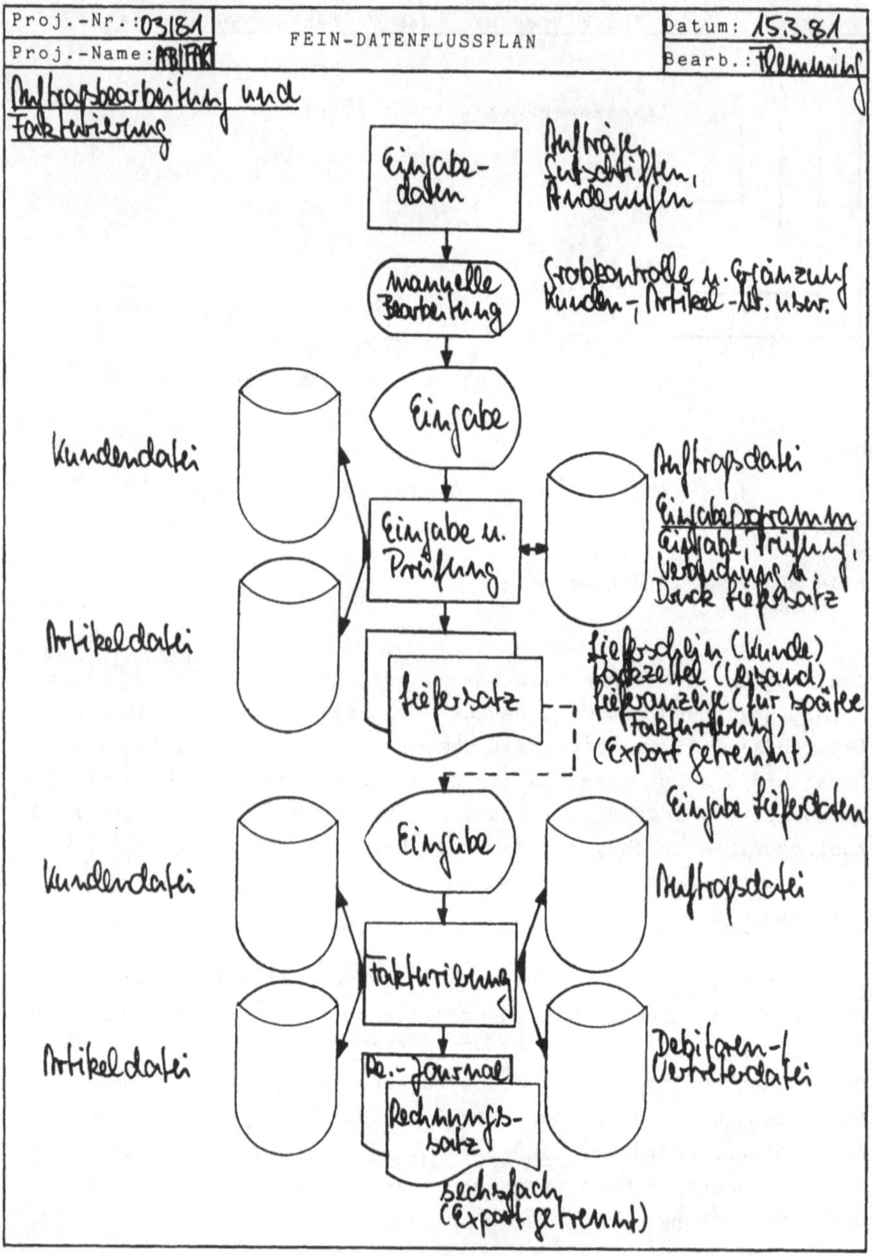

Bild 40: Fein-Datenflußplan (Ausschnitt)

Bestimmen der EDV-Komponenten

Für jeden Teil des Fein-Datenflußplans, also für jede Eingabe, jede gespeicherte Datei, jede Ausgabe und jedes Programm, werden als nächster Schritt der Fein-Lösung alle EDV-Komponenten festgelegt. Hierzu gehören

- die Eingabe der Bewegungs- und Änderungsdaten einschließlich der Abrufe (in unserem Beispiel: die Bildschirmmasken)

- die Speicherung der Stamm- und Bestandsdaten: die Satzaufbauten

- die Ausgabe der Ergebnisdaten: die Listbilder und

- die Bearbeitungsrichtlinien: die Prüf- und Rechenvorschriften.

Im Gegensatz zur Grob-Lösung, wo es mehr auf erste Vorstellungen zur Lösung ankommt, müssen bei der Fein-Lösung alle Einzelheiten der Eingabe, Speicherung, Ausgabe und Verarbeitung ermittelt werden, wie sie später in die Programme eingehen. Alle Angaben, die hier falsch oder unvollständig sind, gehen auch falsch oder unvollständig in die Programme ein!

Zweckmäßigerweise beginnt man mit dem Entwurf der Listbilder, weil immer das Ergebnis des EDV-Prozesses im Mittelpunkt des Arbeitsablaufs steht und Eingabe, Speicherung und Verarbeitung nur den Zweck haben, Auswertungen und Ergebnisse zu erzielen. Denn erst, wenn man weiß, welche Ergebnisse gewonnen werden müssen, kann man die Eingabe- und Speicherdaten sowie die Rechenformeln bestimmen.

Für jede Ausgabe (Formular, Liste), die später vom zentralen Systemdrucker oder einem dezentral eingesetzten Terminaldrucker gedruckt werden soll, ist ein Muster der Druckausgabe zu erstellen. Im Listbild, wie der Formular- oder Listenentwurf in der Praxis genannt wird, werden alle Einzelheiten der Druckausgabe festgelegt, unterteilt nach Überschriften, Kopfzeilen, Postenzeilen und Summenzeilen. Zum besseren Verständnis für die Mitarbeiter der Fachabteilungen sollte man die Listbildentwürfe mit Beispielen darstellen, wie in Bild 41 vorgeführt. Außer den Druckeinzelheiten des Listbildes ist folgendes festzulegen:

- Vordruck (für externe Stellen) oder Blanko-Tabellierpapier (für interne Verwendungen)

- Anzahl Kopien (Verteiler)

- Standardisierung des Listkopfes (Bezeichnung, Datum, Programm-Nr., Blattzähler)

- Druckfrequenz (Periode, Druck auf Abruf)

- Vorschriften zur Datensicherung.

Die Eingabe der Bewegungs- und Änderungsdaten hängt zunächst von dem gewählten Erfassungsverfahren ab. Sofern eine Stapelerfassung über Disketten gewählt wurde, müssen der Datenerfassungsbeleg und der dazugehörige Datensatz (Satzaufbau) entworfen werden. Im Falle der Dialog-Datenerfassung über Bildschirmgerät ist für jeden einzugebenden Datensatz eine sogenannte Bildschirmmaske zu entwickeln, die, ähnlich wie bei der Druckausgabe, alle Angaben zu Form und Inhalt enthält und ebenfalls in Form eines Beispiels dargestellt werden sollte. Sofern, was die Regel ist, die Bildschirmgeräte nicht nur für die Eingabe der Bewegungs- und Änderungsdaten, sondern auch für die Ausgabe einzelner Auskünfte benutzt werden, sind die Bildschirmmasken für die Ein- und Ausgabe (Abrufe) zu entwerfen. Bild 42 zeigt das Beispiel einer Bildschirmmaske aus dem Bereich der Auftragsabwicklung und Fakturierung.

Analog zur Ein- und Ausgabe ist die Speicherung festzulegen, das heißt für alle zu speichernden Stamm- und Bestandsdaten sind die Satzaufbauten zu bestimmen. Hierbei kommt es darauf an, daß jede zu speichernde Satzart (Beispiele sind die Kundenstammsätze, die Artikelstammsätze, die Auftragssätze und die Offene-Posten-Sätze) einschließlich aller Datenfelder mit Feldlängen genau definiert wird. Als Beispiel für die Darstellung eines Satzaufbaus haben wir die Kundenstammdatei gewählt (vgl. Bild 43).

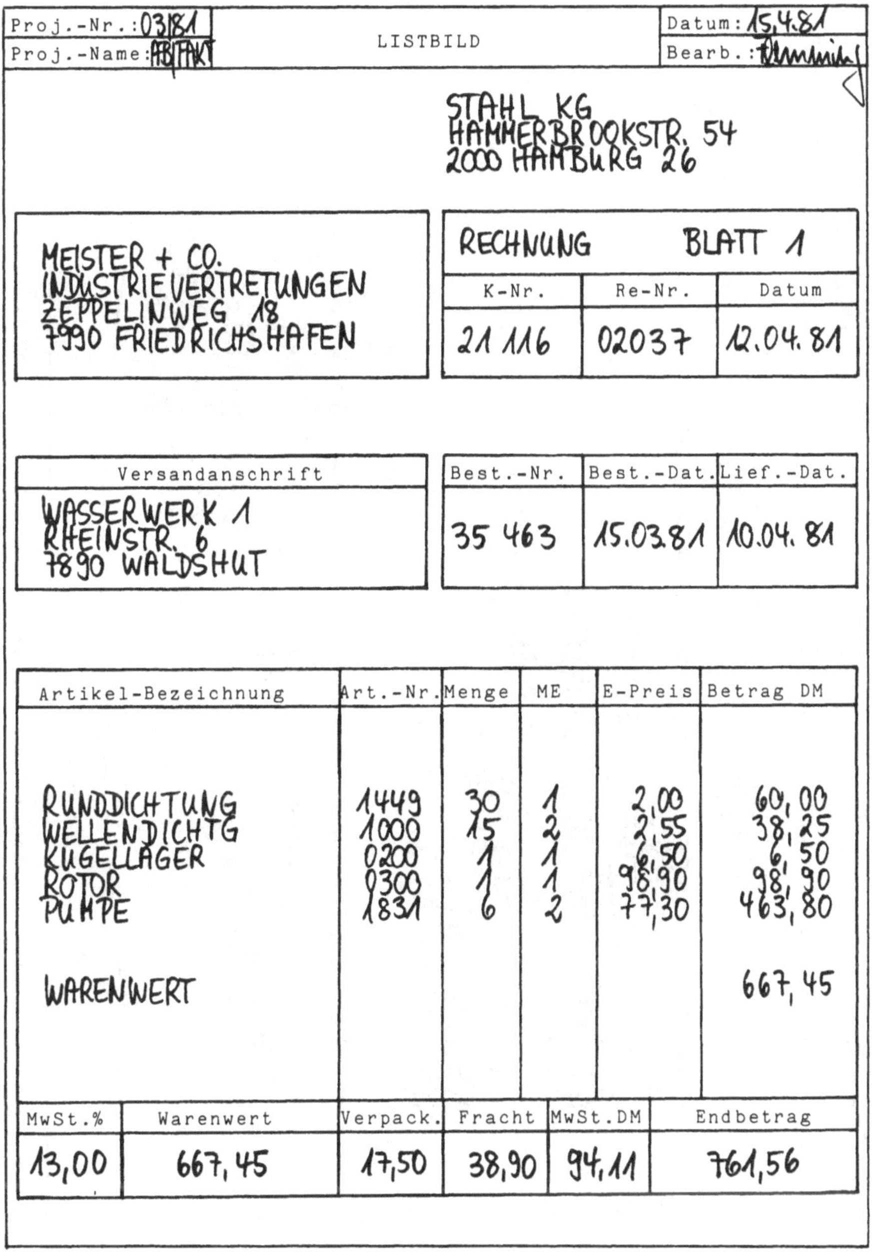

Proj.-Nr.: 03181	LISTBILD	Datum: 15.4.81
Proj.-Name: ABTFAKT		Bearb.: [illegible]

STAHL KG
HAMMERBROOKSTR. 54
2000 HAMBURG 26

MEISTER + CO.
INDUSTRIEVERTRETUNGEN
ZEPPELINWEG 18
7990 FRIEDRICHSHAFEN

RECHNUNG	BLATT 1	
K-Nr.	Re-Nr.	Datum
21 116	02037	12.04.81

Versandanschrift
WASSERWERK 1 RHEINSTR. 6 7890 WALDSHUT

Best.-Nr.	Best.-Dat.	Lief.-Dat.
35 463	15.03.81	10.04.81

Artikel-Bezeichnung	Art.-Nr.	Menge	ME	E-Preis	Betrag DM
RUNDDICHTUNG	1449	30	1	2,00	60,00
WELLENDICHTG	1000	15	2	2,55	38,25
KUGELLAGER	0200	1	1	6,50	6,50
ROTOR	0300	1	1	98,90	98,90
PUMPE	1831	6	2	77,30	463,80
WARENWERT					667,45

MwSt.%	Warenwert	Verpack.	Fracht	MwSt.DM	Endbetrag
13,00	667,45	17,50	38,90	94,11	761,56

Bild 41: Beispiel eines Listbildes
(nach einer Vorlage der IBM, IBM Form GE 12-1436, S. 19)

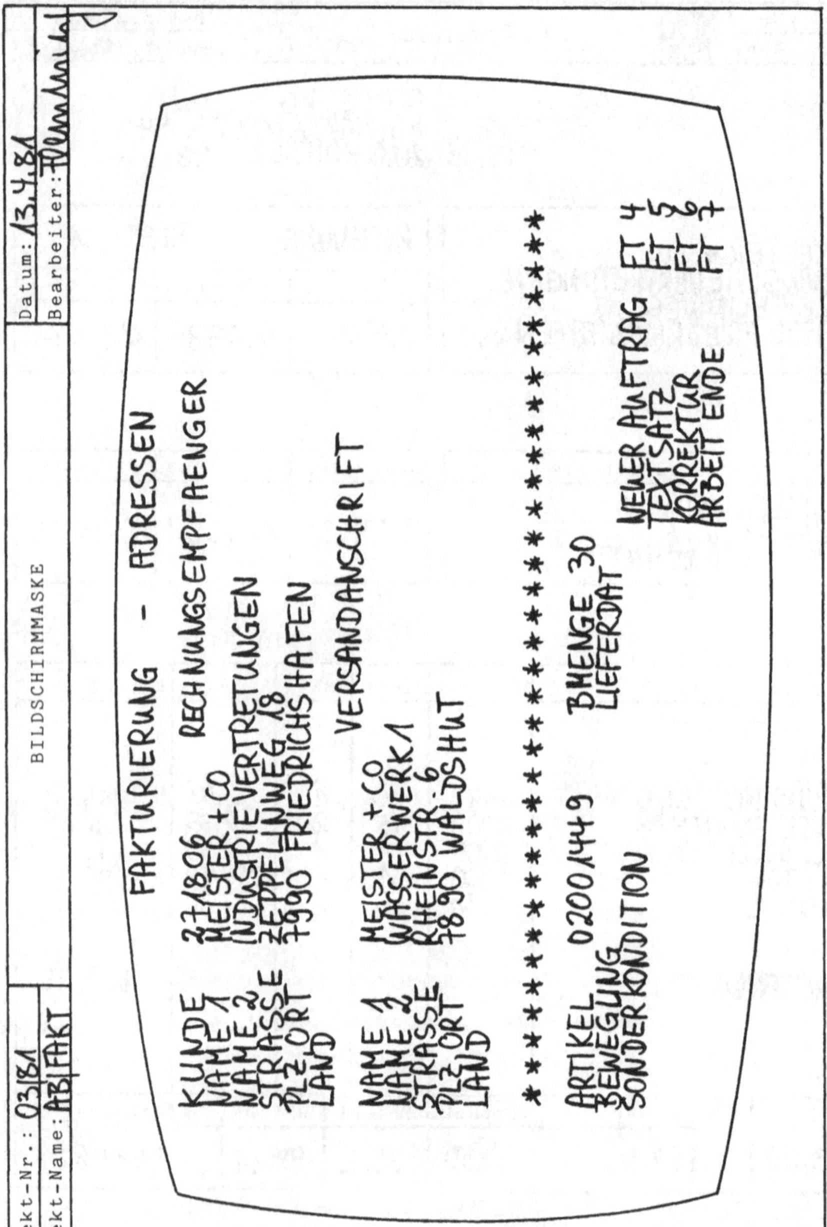

Bild 42: Beispiel einer Bildschirmmaske (nach einer Vorlage der IBM, IBM Form GE 12-1436, S. 11)

Proj.-Nr.: 03/81	SATZAUFBAU	Datum: 24.4.81
Proj.-Name: ABTAKT		Bearb.: Flemming

Satzart: 03	Satzlänge: 112 Stellen
Satzname: ARTSTAMM	Satzverwendung:
Satzbezeichnung: Artikelstammsatz	Auftragsbearbeitung Lagerbestandsführung

Feld-Nr.	Feldname	Feldbezeichnung	Stelle von	Stelle bis	Anzahl Stel.	Anzahl Bytes
01	A-NR	Artikel-Nummer	1	10	10	5
02	A-BEZ	Artikel-Bezeichnung	11	30	20	20
03	A-GR	Artikel-Gruppe	31	32	2	1
04	M-EINH	Mengeneinheit	33	35	3	2
05	L-BEST	Lagerbestand	36	42	7	4
06	L-WERT	Lagerwert	43	51	9	5
07	E-PREIS	∅ Einstandspreis	52	58	7	4
08	V-PREIS	Verrechnungspreis	59	65	7	4
09	I-DAT	Inventurdatum	66	71	6	3
10	B-ART	Bewertungsart Inventur	72	72	1	1
11	B-BEST	Bestellbestand	73	79	7	4
12	R-BEST	Reservierungsbestand	80	86	7	4
13	M-BEST	Mindestbestand	87	93	7	4
14	L-ABG	Datum letzter Abgang	94	99	6	3
15	L-ZUG	Datum letzter Zugang	100	105	6	3
16	I-PREIS	Inventurpreis	106	112	7	4

Bild 43: Beispiel eines Satzaufbaus
(nach einer Vorlage der IBM, IBM Form GE 12-1436, S. 27)

Die Bearbeitungsrichtlinien schließlich können verbal, in Form von Rechenformeln und Schlüsseltabellen oder mit Hilfe moderner Entscheidungstabellen dargestellt werden, wobei man in der Praxis häufig eine Kombination aus den verschiedenen Darstellungsformen wählt. Entscheidungstabellen haben sich vor allem dort bewährt, wo es darum geht, gegenseitige Abhängigkeiten und Zusammenhänge klar, übersichtlich und unmißverständlich darzustellen. Sie werden zweckmäßigerweise schon von den Mitarbeitern der Fachabteilungen (nicht erst von den EDV-Fachkräften) zur Formulierung der benötigten Prüf- und Rechenvorschriften benutzt. Bild 44 zeigt das Beispiel einer solchen Entscheidungstabelle. Wie ersichtlich, werden zunächst die einzelnen Bedingungen formuliert, die dann in Ja-Nein-Kombinationen zu ganz bestimmten Maßnahmen führen. Entscheidungstabellen sind für die Formulierung von Prüf- und Rechenvorschriften deshalb gut geeignet, weil

- Aufgaben und Ziele klar formuliert werden

- alle Bedingungen und Maßnahmen übersichtlich dargestellt werden

- die verschiedenen Ja-Nein-Kombinationen und die sich daraus ergebenden Maßnahmen leicht und sicher überprüft werden können und

- ihre Handhabung auch für den EDV-Laien leicht zu erlernen ist.

Über das Hilfsmittel zur Aufgaben- und Zielformulierung hinaus können die Inhalte von Entscheidungstabellen direkt in ein Computerprogramm (dem Entscheidungstabellen-Generator) eingegeben werden, das dann die Entscheidungstabelle ohne zusätzliche Programmierung in fertige Arbeitsprogramme umsetzt.

Zusammenstellen der Programmvorgaben

Die Entwicklung der Fein-Lösung endet mit der Zusammenstellung der Programmvorgaben. Für jedes Programm, das anschließend individuell programmiert werden soll, wird eine solche Programmvorgabe erstellt. Sie enthält, neben einer allgemeinen verbalen Be-

Projekt-Nr.: 03/81	ENTSCHEIDUNGSTABELLE																Datum: 2.5.81
Projekt-Name: AB/FAKT																	Bearbeiter: Flemming
	Bedingungen/Maßnahmen	Regeln 1	2	3	4	5	6	7	8	9	10	11	12	13	14	15	16
Bedingungen	Einkaufsverband	J	J	J	J	N	N	N	N	N	N	N	N				
	Großhändler	N	N	N	N	J	J	J	J	N	N	N	N				
	Einzelhändler	N	N	N	N	N	N	N	N	J	J	J	J				
	Stammkunde	J	J	N	N	J	J	N	N	J	J	N	N				
	Einmalkunde	N	N	J	J	N	N	J	J	N	N	J	J				
	Umsatz bis 100 TDM	J	N	J	N	J	N	J	N	J	N	J	N				
	Umsatz größer 100 TDM	N	J	N	J	N	J	N	J	N	J	N	J				
Maßnahmen	15% Rabatt	X					X										
	10% Rabatt plus 8% Bonus		X														
	5% Rabatt				X	X			X		X						
	2% Rabatt plus 2% Bonus			X				X		X			X				
	Brutto - Preis											X					

Bild 44: Beispiel einer Entscheidungstabelle (J = ja, N = nein)

schreibung des Programminhalts, alle bekannten Unterlagen aus der Fein-Lösung, die die Eingabe, Speicherung, Ausgabe und Bearbeitungsrichtlinien exakt beschreiben. Die Unterlagen werden je Programm zu einer Dokumentation zusammengefaßt und nach Überprüfung durch die Fachabteilung dem Programmierer übergeben, der das Programm ausarbeiten soll. Eine Programmvorgabe umfaßt also immer den sachlichen Feininhalt des zu fertigenden Programms und ist für den Programmierer verbindlich.

4.13 *Programmierung*

Der Entwicklung der Fein-Lösung folgt, ausgehend von den Programmvorgaben, die Ausarbeitung der Programme, sofern das betreffende Arbeitsgebiet voll oder teilweise individuell programmiert werden soll.

Die einzelnen Schritte der Programmierung umfassen

- die Analyse der Programmvorgabe
- den Entwurf des Programmablaufplans
- die Programmverschlüsselung (Codierung)
- die Programmumwandlung (sofern nicht in BASIC codiert wird)
- die Programmtests und
- die Ausarbeitung der Programmdokumentation.

Das Ergebnis der Programmierung sind die einzelnen Programme, zusammengefaßt zu einem Programmkomplex für das betreffende Arbeitsgebiet. Die Programme sind jedoch in dieser Stufe noch nicht von den Mitarbeitern der Fachabteilungen abgenommen und freigegeben, was erst im Rahmen der Einführung erfolgt (vgl. Kapitel "4.14 Einführung").

Im Falles des Einsatzes von Standard-Anwendungssoftware für das betreffende Arbeitsgebiet reduzieren sich die Programmierungsarbeiten auf die Anpassung der Programme an die in der Fein-Lösung ermittelten und dargestellten Lösungseinzelheiten. Hierbei ist darauf zu achten, daß alle betriebsindividuellen Anforderungen

- sachentsprechend und mit allen Einzelheiten formuliert

- mit den Programmierern, die die Anpassung vornehmen, persönlich durchgesprochen und

- Bestandteile des Softwarevertrages werden.

Obwohl es im Grundsatz gleichgültig ist, ob die Anpassung von den Programmierern des Softwareanbieters oder eigenen Programmierern durchgeführt wird, sollte den Fremdprogrammierern der Vorzug gegeben werden. Denn zum einen sind diese Programmierer besser mit den Programmen vertraut und zum anderen bleibt die Gewährleistungspflicht des Anbieters erhalten. In finanzieller Hinsicht ist bei der Anpassung von Bedeutung, daß die erforderlichen Programmänderungen zu einem festen Pauschalpreis und nicht zu Ist-Stundensätzen abgerechnet werden und die Änderungen Bestandteil des Softwarevertrages sind (kein zusätzlicher Dienstleistungsvertrag, sondern ein einheitlicher Werkvertrag für Nutzung und Anpassung!).

4.14 *Einführung*

Die letzte Projektstufe der Umstellungsarbeiten besteht darin, das entwickelte und programmierte System ordnungsgemäß abzuschließen und in die Praxis einzuführen. An den Aktivitäten hierfür wirken alle am Projekt beteiligten Kräfte einschließlich der Mitarbeiter in den Fachabteilungen mit, die das umgestellte System handhaben sollen.

Rechtzeitig (meist schon parallel zur Entwicklung der Fein-Lösung oder zu den Programmierungsarbeiten) muß die Planung der Einführung beginnen, bei der mit Hilfe eines Einführungsplans (vgl. hierzu Bild 45) festgelegt wird, welche Einführungsarbeiten unter wessen Verantwortung zu welchen Terminen zu erledigen sind. Da einige Einführungsarbeiten besonders zeitaufwendig sind und von den Mitarbeitern der Fachabteilungen neben ihren laufenden Arbei-

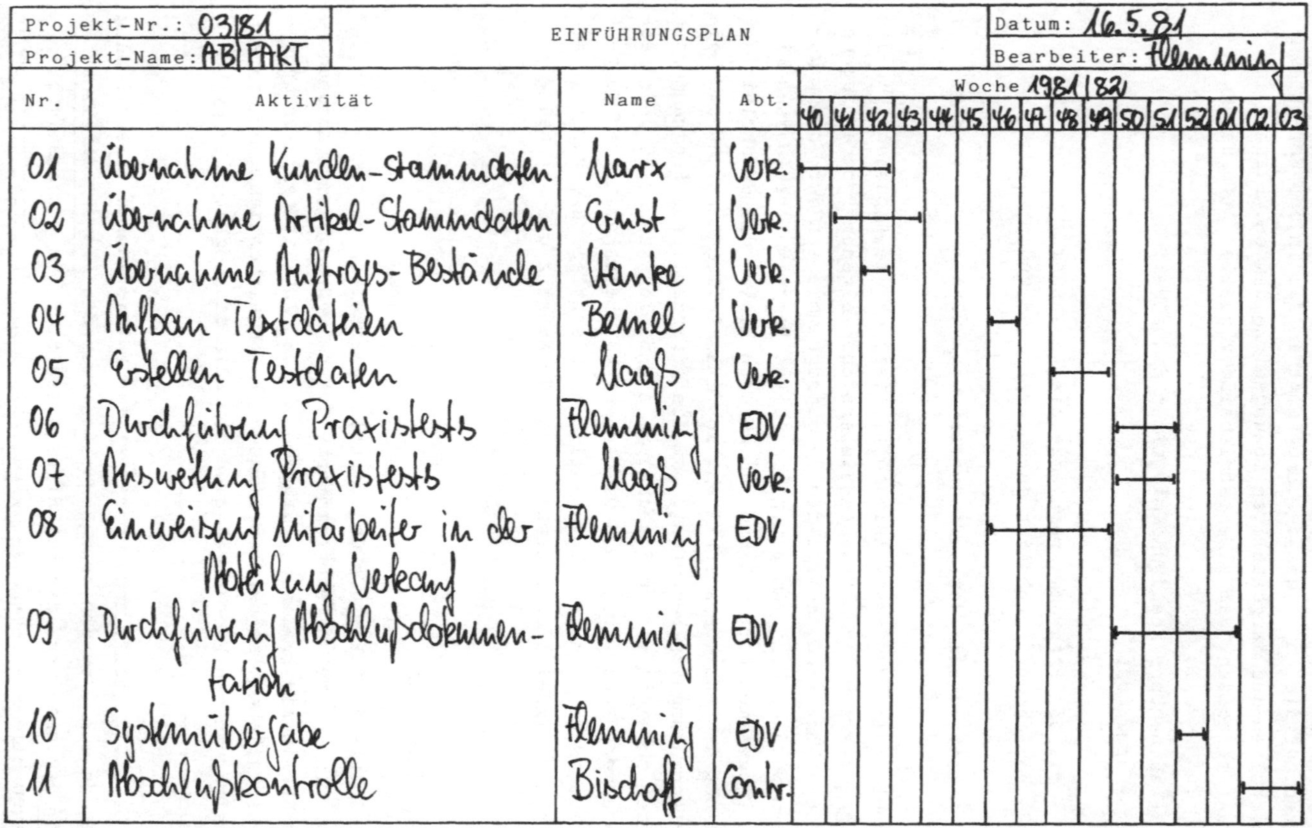

Projekt-Nr.: 03/81 | Projekt-Name: AB/FAKT | EINFÜHRUNGSPLAN | Datum: 16.5.81 | Bearbeiter: Flemming

Woche 1981/82: 40 41 42 43 44 45 46 47 48 49 50 51 52 01 02 03

Nr.	Aktivität	Name	Abt.
01	Übernahme Kunden-Stammdaten	Marx	Verk.
02	Übernahme Artikel-Stammdaten	Ernst	Verk.
03	Übernahme Auftrags-Bestände	Hanke	Verk.
04	Aufbau Textdateien	Bemel	Verk.
05	Erstellen Testdaten	Maaß	Verk.
06	Durchführung Praxistests	Flemming	EDV
07	Auswertung Praxistests	Maaß	Verk.
08	Einweisung Mitarbeiter in der Abteilung Verkauf	Flemming	EDV
09	Durchführung Abschlußdokumentation	Flemming	EDV
10	Systemübergabe	Flemming	EDV
11	Abschlußkontrolle	Bischoff	Contr.

Bild 45: Beispiel eines Einführungsplans

ten erledigt werden müssen (vor allem die Ersterfassung der Stamm- und Bestandsdaten ist hiervon betroffen), sollte so früh wie möglich mit den Einführungsarbeiten begonnen werden.

Neben der Planung gehören folgende Aktivitäten zu den Einführungsarbeiten:

- Übernahme der Stamm- und Bestandsdaten

- Durchführung und Auswertung der Praxistests

- Einweisung der Mitarbeiter in den Fachabteilungen und im Rechenzentrum

- Ausarbeitung und Sicherung der Abschlußdokumentation

- Übergabe des neuen Systems und Freigabe

- Anlauf und Starthilfe.

Da das neue System datenmäßig ja nicht beim Nullpunkt beginnt, müssen alle am Stichtag des Systemanlaufs vorhandenen Stamm- und Bestandsdaten erfaßt und in den Computer übernommen werden. Im Falle unseres Beispiels der Auftragsbearbeitung und Fakturierung sind das neben den Kunden- und Artikelstammdaten der vorhandene Auftragsbestand und die zum Zeitpunkt der Übernahme noch nicht erledigten Offenen Posten. Um die Datenübernahme, vor allem bei größeren Datenmengen, rechtzeitig abzuwickeln, sollte hiermit so früh wie möglich begonnen werden. Den Mitarbeitern der von der Umstellung betroffenen Fachabteilung werden rechtzeitig Datenerfassungsbögen zur Verfügung gestellt, mit deren Hilfe die Daten aufgenommen und in die Bildschirmgeräte eingegeben werden. Damit man die Stamm- und Bestandsdatenverwaltung zum Zeitpunkt des Systemanlaufs sicher beherrscht, empfiehlt es sich, die Stammdatenpflege ebenfalls frühzeitig aufzunehmen.

Ein zweiter Schritt ist die Vorbereitung, Durchführung und Auswertung der Praxistests. Bei den Praxistests wird der gesamte Programmkomplex des neuen Systems (nicht das einzelne Programm) Praxisbedingungen unterworfen. Während die von den Programmierern allein durchgeführten Programmtests die einzelnen Programme in ihrer Funktionsweise gegenüber den Programmvorgaben vergleichen, simuliert der Praxistest die Wirklichkeit der täglichen Abwicklung. Aus diesem Grunde ist es wichtig, daß der Praxistest nicht ausschließlich in der Regie der beteiligten Programmierer stattfindet, sondern unter Kontrolle der Mitarbeiter in der Fachabteilung durchgeführt wird, weil nur so die Sicherheit des Umstellungsprozesses gewährleistet werden kann. Mit Hilfe von Erfassungsbelegen, die vom EDV-Personal aufbereitet werden, entwerfen die Mitarbeiter der Fachabteilung die Testdaten für den Praxistest, wobei sie darauf zu achten haben, daß neben den Normalfällen auch alle Ausnahme- und Fehlerfälle in die Tests einbezogen werden. Die gewonnenen Testergebnisse müssen selbstverständlich ebenfalls von den Mitarbeitern der Fachabteilung kontrolliert werden. Dem Praxistest mit simulierten Testdaten schließt sich häufig noch ein Test mit einer größeren Menge Originaldaten an. Es muß jedoch unbedingt darauf geachtet werden, daß Tests mit Originaldaten nicht anstelle von Simulationstests treten, weil in den Originaldaten einer Periode nicht alle später in der Praxis vorkommenden Geschäftsvorfälle einschließlich Ausnahmen und Fehler enthalten sind.

Von besonderer Bedeutung ist die gründliche Einweisung der Mitarbeiter der Fachabteilung, die das umgestellte System handhaben sollen. Zur Einweisung gehören

- die Ausarbeitung schriftlicher Arbeitsanweisungen (anstelle mündlicher Überlieferungen oder dickleibiger Organisationshandbücher)

- die Schulung der Mitarbeiter in der Eingabe, den Abrufen und der Interpretation von Computerlisten (hierzu sollten die Bildschirmgeräte rechtzeitig vor Anlauf des Systems in der Fachabteilung aufgestellt und angeschlossen werden) und

- eine Starthilfe, für die die Mitarbeiter der EDV der Fachabteilung nach Anlaufen des Systems noch eine zeitlang zur Verfügung stehen.

Bild 46 zeigt das Muster einer solchen Arbeitsanweisung und Bild 47 die dazugehörige Bildschirmmaske.

Proj.-Nr.: 03/81 Proj.-Name: AB/FAKT	ARBEITSANWEISUNG		Datum: 16.9.81 Bearb.: Hemming
Abteilung: Verkauf Aufgabe: Dialog-Eingabe "Kundenbesuche"		gültig ab: 1.1.1981 Bemerkungen: Erfassungsbeleg "Erfassung Kundenbesuche"	

Feld-Nr.	Feldname	Bearbeitung	Bemerkung
01	Vertreter-Nr.	zweistellig	z
02	Monat/Jahr	je zweistellig	z (nur einmalig)
03	Kunden-Nr.	siebenstellig	z
04	Kundenbesuche	einstellig je Dekade getrennt für INT und IEC	w (wenn ausgefüllt)
05	Aufträge	zweistellig, getrennt für INT und IEC	w
06	Placierungen	zweistellig, getrennt für INT und IEC	w
07	Aktion	getrennt für VERB und EIG	w
			z = zwingend w = wahlweise

Bild 46: Beispiel einer Arbeitsanweisung

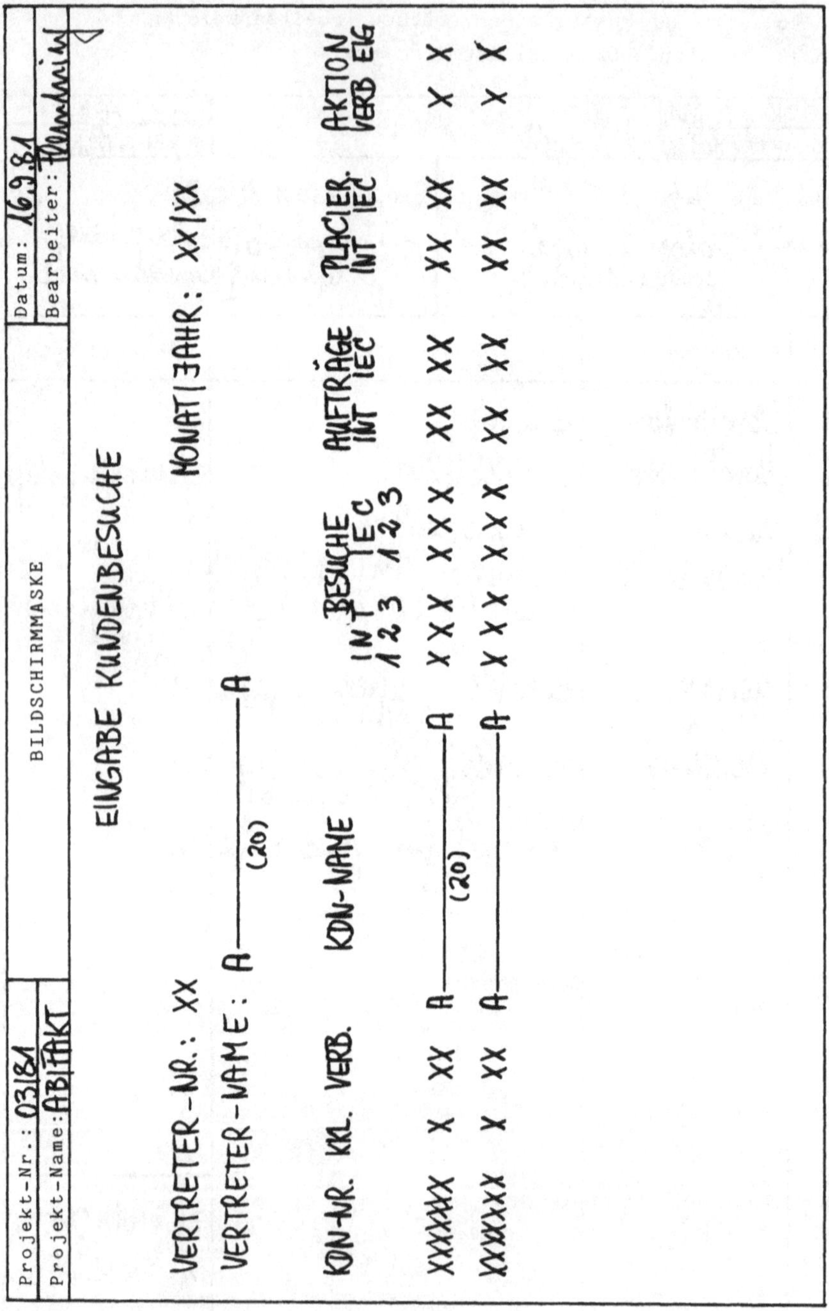

Bild 47: Beispiel einer Bildschirmmaske (gehört zu Bild 46)

Zu den Aufgaben der Einführung gehört auch die Ausarbeitung der Abschlußdokumentation, d.h. die Zusammenstellung, Ergänzung, Vervielfältigung und Verteilung aller Unterlagen, die das umgestellte System beschreiben und transparent machen. Eine solche Dokumentation ist erforderlich, um den Arbeitsablauf jederzeit für Prüfzwecke nachvollziehen und das System ändern und erweitern zu können sowie in einzelnen Fällen gesetzlichen Vorschriften zu genügen (HGB und AO bei der Speicherbuchführung, BDSG bei der Speicherung und Verarbeitung personenbezogener Daten). Die Abschlußdokumentation besteht aus

- dem Anwenderhandbuch
  (Bedienungsanleitungen und Arbeitsanweisungen für die Mitarbeiter im Rechenzentrum und in den Fachabteilungen)

- den Datenbeschreibungen
  (Bildschirmmasken, Satzaufbauten, Listbilder für Formulare und Listen) und

- den Programmbeschreibungen
  (verbale Beschreibungen, Umwandlungslisten, Entscheidungstabellen, Schlüsselverzeichnisse, Steueranweisungen)

und sollte in zwei vollständigen Exemplaren vorliegen. Ein Exemplar der Dokumentation verbleibt unter Verschluß im Rechenzentrum und dient dem Änderungsdienst, während das zweite Exemplar aus Sicherheitsgründen ausgelagert wird. Eine Dokumentation ist aber nur dann von Wert, wenn sichergestellt ist, daß jede Organisations-Programm- und Datenstrukturänderung auch die Dokumentationsunterlagen aktualisiert.

Neben den Aufgaben und Maßnahmen der Einführung muß die Frage nach der Umstellungsmethode beantwortet werden. Die Umstellungsmethode beschreibt die sachliche Vorgehensweise bei der Übernahme eines Arbeitsgebietes auf die EDV, unterteilt nach

- Direktumstellung
  (mit Beendigung des alten Verfahrens beginnt das neue Verfahren)

- Parallellauf
  (altes und neues Verfahren überlappen eine zeitlang) und

- einer Kombination aus Direktumstellung und Parallellauf.

Bei der Methode der Direktumstellung liegen die Vorteile in geringeren Übernahmekosten und einfacherer Übernahme, weil das Personal in den Fachabteilungen zum Stichtag seine Arbeit nach dem alten Verfahren beendet und mit dem neuen Verfahren beginnt. Nachteilig ist dagegen die geringere Umstellungssicherheit, weil bei Nichtfunktionieren des neuen Verfahrens nicht mehr auf das alte Verfahren zurückgegriffen werden kann, weshalb man die Direktumstellung möglichst nur bei Umstellungen mit betriebsinternen Auswirkungen anwendet.

Umgekehrt dazu verhalten sich die Vor- und Nachteile beim Parallellauf. Sofern bei der Übernahme eine Störung im neuen Verfahren auftaucht, kann während des Parallellaufs auf die Ergebnisse des alten Verfahrens zurückgegriffen werden. Aus diesem Grunde benutzt man den Parallellauf vor allem dort, wo von der Umstellung Kunden, Mitarbeiter oder Vertreter betroffen sind und die Sicherheit der Umstellung auf jeden Fall gewährleistet sein muß.

Die Nachteile der beiden beschriebenen Verfahren werden gemildert, wenn man eine Kombination aus Direktumstellung und Parallellauf wählt. Beispielsweise werden die Stamm- und Bestandsdaten eine zeitlang nach dem alten und dem neuen Verfahren verwaltet und geändert (= Parallellauf), während man die Programme nach der Methode der Direktumstellung auf das MDT-System übernimmt. Auf diese Weise hat man die Stamm- und Bestandsdaten zum Umstellungstermin bereits fest im Griff und kann sich voll und ganz auf das Funktionieren der Programme konzentrieren.

4.2 Stammdaten- und Programmpflege

Stammdaten und Programme müssen von Zeit zu Zeit geändert, ergänzt und erweitert werden. Ein solcher Pflegedienst kann gesetzliche Ursachen haben (Tarifänderungen, Änderungen der Buchhaltungsvorschriften u.a.), betriebsbedingt sein (neue Produkte, geänderte Konditionen, Programmfehler usw.) oder von den Anwendern zur Verbesserung der Arbeitsabläufe (z.B. zusätzliche Statistiken) gewünscht werden. Sofern Standard-Anwendungssoftware eingesetzt werden soll, ist auf leichte Pflegbarkeit der Programme und Datenstrukturen besonders zu achten, weil selbst kleinste Änderungen und Erweiterungen verhältnismäßig hohe Kosten verursachen können.

Bei der Pflege der Stammdaten ist zu unterscheiden zwischen

- dem reinen Datenaustausch (zum Beispiel wird eine Konstante durch eine andere ersetzt, was zu keiner Daten- und Programmänderungen führt) und

- der Erweiterung eines Datenfeldes oder des Datensatzes, was in der Regel sowohl eine Datenstruktur- als auch eine Programmänderung zur Folge hat.

Bild 48 zeigt drei Möglichkeiten von Datenänderungen. Von besonderer Bedeutung ist (vor allem bei Einsatz von Dialogsystemen), daß die Stammdatenpflege für eine Datei

- nur von einer einzigen Stelle und nicht von allen benutzenden Fachabteilungen durchgeführt

- nur dazu autorisierten Personen übertragen (worüber ein Sicherungsprogramm wacht) und

- mit allen Einzelheiten zur Nachkontrolle protokolliert wird.

Bei Programmänderungen ist aus Wirtschaftlichkeits- und Sicherheitsgründen darauf zu achten, daß

- die Gesamtzahl der Programmänderungen nicht zu groß ist (sofern Änderungen nicht dringend notwendig sind, können sie gesammelt und dann "gebündelt" durchgeführt werden)

1. Austausch einer Konstante

alt

K.-Nr.	Name	PLZ und Ort	Umsatz
4711	FLEMMING	6050 OFFENBACH	1461

neu

4711	FLEMMING	6232 BAD SODEN	1461

2. Erweiterung eines Datenfeldes

alt

			4 Stellen
4711	FLEMMING	6232 BAD SODEN	1461

neu

			5 Stellen
4711	FLEMMING	6232 BAD SODEN	15273

3. Erweiterung des Datensatzes

alt

4711	FLEMMING	6232 BAD SODEN	15273

neu

				Vertr.-Nr.
4711	FLEMMING	6232 BAD SODEN	15273	0281

Bild 48: Stammdatenaustausch und -erweiterung

- jede Programmänderung von der Fachabteilung schriftlich beantragt und nach der Durchführung auf ihre sachliche Richtigkeit kontrolliert und

- mit jeder Programmänderung auch die Dokumentation aktualisiert wird.

Bild 49 zeigt das Muster eines Formulars zur Beantragung, Genehmigung, Durchführung und Kontrolle von Programmänderungen.

Änderg.-Nr.: 17/81 Änderg.-Name: V-St	PROGRAMMÄNDERUNG	Datum: 6.7.81 Bearb.: Kater

Antrag Fachabteilung

	Anlagen	
Arbeitsgebiet: Auftragsabwicklung/Fakturierung	Fachinhaltsbeschreibung	⊗
Änderung: neue Liste Vertreterstatistik	Listbildentwurf	⊗
Nutzen: Vertreterüberwachung	Bildschirmmaske	○
Termin: monatlich ab 1.8.81	Datenbeschreibung	○
Abteilung: Verkauf	Mengengerüst	○

Stellungnahme EDV-Abteilung

		Aufwand	Soll	Ist
Programmänderung	○	Programmierung	3 MT	
Programmerweiterung	⊗	EDV-Anlage	mtl. 1 Std.	
		Datenerfassung	—	

Bemerkungen

kann wie gewünscht erledigt werden

9.7.81 Datum — Brause Unterschrift

Genehmigung Geschäftsleitung

Bemerkungen

Projekt ohne Änderungen genehmigt

15.7.81 Datum — Mantei Unterschrift

Kontrolle Fachabteilung

Abnahme Praxistest: mit alten und neuen Testdaten

Freigabe: ohne Einschränkung

Einsatz ab: 1.8.1981

28.7.81 Datum — L. Auer Unterschrift

Bild 49: Formular "Programmänderung"

4.3 Handhabung umgestellter Arbeitsgebiete

Die Handhabung umgestellter EDV-Arbeitsabläufe erfolgt

- in den von der Umstellung betroffenen Fachabteilungen (Datenaufnahme, -kontrolle und -ergänzung, Direkteingabe, Datenabrufe, Fehlerkorrektur, Auswertung von Computerlisten, Stammdatenpflege) und

- im Rechenzentrum (Datenverarbeitung).

Im einzelnen umfaßt die Handhabung von EDV-Arbeitsabläufen in den Fachabteilungen die

- Aufnahme der Bewegungsdaten (= neue Geschäftsvorfälle) und Änderungsdaten (Stammdatenpflege) sowie deren Grobkontrolle und Ergänzung (z.B. Kundennummer)

- Direkteingabe der Bewegungs- und Änderungsdaten im Dialog sowie Abfrage von Daten und Informationen über Bildschirmgerät

- Handhabung von Eingabe- und Fehlerprotokollen mit Korrektur von Erfassungs- und Eingabefehlern

- Auswertung von Computerlisten.

Für die Erfassung der Bewegungs- und Änderungsdaten bedarf es fester organisatorischer Regeln und des Einsatzes geeigneter Verfahren und Techniken wie beispielsweise

- Veranlassung der Kunden und Lieferanten, die benötigten Ordnungsbegriffe (Kunden-Nr., Artikel-Nr., Lieferanten-Nr.) anzugeben, damit die eigene Datenerfassung sicher und wirtschaftlich durchgeführt werden kann.

- Gute organisatorische Gestaltung der Erfassungsbelege (aufgedruckte Beleg-Nr., optische Hervorhebung der Ordnungsbegriffe und der Erfassungsfelder, erfassungsgerechte Gestaltung).

- Bereitstellung von Arbeitsanweisungen für die Datenerfassung und Dateneingabe.

- Herausgabe von Terminplänen für eine zeitgerechte Erfassung und Eingabe.

Bei Direkteingabe und Abfragen mit Hilfe von Bildschirmgeräten in den Fachabteilungen (Dialogbetrieb) konzentrieren sich die Maßnahmen auf den Einsatz dieser Geräte und den Umgang mit ihnen. Beim Dialogverkehr kommt es nicht nur auf sehr sorgfältige organisatorische Vorbereitungen (Arbeitsanweisungen und Muster der Bildschirmmasken), sondern auch auf geeignete arbeitstechnische (ergonomische) Maßnahmen an. Durch Disziplin bei Eingabe und Abrufen können die Mitarbeiter in den Fachabteilungen entscheidend mithelfen, den technischen und finanziellen Aufwand beim Dialogverkehr zu reduzieren und die Antwortzeiten am Bildschirmgerät zu senken.

Wegen der großen Bedeutung des Dialogverkehrs bei Systemen der mittleren Datentechnik sollen die organisatorischen und ergonomischen Fragen beim Einsatz von Bildschirmgeräten hervorgehoben werden. Im einzelnen sind folgende Punkte zu beachten:

- Durch Einweisung und Schulung der Mitarbeiter sowie durch organisatorische (Anweisung und Muster) und technische (Menütechniken) Maßnahmen ist die Arbeit sicher und wirtschaftlich zu gestalten.

- Die Sachbearbeiter selbst sollten ihre Daten eingeben und Informationen abrufen (keine Datatypistinnen in den Fachabteilungen!).

- Vom Arbeitsgebiet und den Aufgaben allein darf es abhängen, ob jeder Mitarbeiter ein Bildschirmgerät erhält oder die Bildschirmgeräte an einem Ort in der Fachabteilung zusammengefaßt ("gepoolt") und den Mitarbeitern Blockzeiten für Eingabe und Abrufe zur Verfügung gestellt werden.

- Bei den Bildschirmgeräten muß auf blendfreie grüne oder gelbe Schriftzeichen mit Verstellung der Lichtstärke sowie auf eine bedienungsfreundliche, vom Bildschirm getrennte Tastatur geachtet werden.

- Weitere Maßnahmen sind der richtige Abstand zwischen Bildschirm und Erfassungsperson (ca. 50 cm), die richtige Bildschirmhöhe (gleiche Höhe von Augen und Bildschirmobergrenze), die richtige Tischhöhe und -tiefe (72 bis 75 cm bzw. 90 cm), ein arbeitsgerechter Stuhl und eine genügend große Ablagefläche (Tischlänge = ca. 160 cm).

- Bei der Umfeldgestaltung kommt es auf die Vermeidung von Blendwirkung bei künstlichem Licht (Lichtstärke 300 bis 500 Lux), seitlichem Lichteinfall von links bei Tageslicht (die Geräte sollten in einem Winkel von 90° zum Fenster aufgestellt werden), ausreichende Klimatisierung (Bildschirmgeräte geben selbst Wärme ab und neigen zu statischen Aufladungen) und Vermeidung von Lärm an.

Für weitere Einzelheiten sei auf Informationsunterlagen der meisten Computerhersteller, der Berufsgenossenschaften und des "Vereins Deutscher Maschinenbau-Anstalten" (VDMA), Arbeitskreis "Bildschirmgeräte", hingewiesen.

Fehlerprotokolle entstehen, wenn Daten über Diskette im Stapelbetrieb erfaßt und eingegeben werden. Sofern die eingegebenen Daten logische Fehler aufweisen (zum Beispiel existiert die Kunden-Nr. nicht), was mit Hilfe eines Prüfprogramms bei der Eingabe festgestellt wird, werden die falschen oder fehlerhaften Daten ausgedruckt und zugleich für die Wiedereingabe zwischengespeichert. Bei der Handhabung von Fehlerprotokollen ist sicherzustellen, daß sie organisatorisch günstig gestaltet sind (Kennzeichnung des Fehlers, Verwendung als Beleg für Korrektur und Wiedereingabe), nur von den Mitarbeitern der betreffenden Fachabteilung und nicht vom EDV-Personal korrigiert und die korrigierten von den zwischengespeicherten Daten abgebucht werden, damit Übereinstimmung zwischen der Anzahl der abgewiesenen und erneut eingegebenen Daten besteht.

Computerlisten sollten nicht nur von Art und Umfang her begrenzt werden (aussagefähige, aktuelle Informationen über Bildschirmgerät sind besser als periodisch gedruckte Zahlenfriedhöfe!), sondern auch so gut gestaltet sein, daß der Empfänger sie ohne Umformung verwenden kann. Die wichtigsten Regeln bei der Gestaltung von Computerlisten sind:

- Für betriebsinterne Zwecke sollte Blanko-Tabellierpapier Vordrucken vorgezogen werden.

- Die Druckanordnung ist so vorzunehmen, daß ein Gleichmaß an Aussagefähigkeit durch zweckmäßige Gestaltung und vertretbarem Rüst- und Maschinenaufwand erreicht wird.

- Auch die letzten Kopien müssen lesbar sein (gegebenenfalls Paralleldruck oder mehrere Durchläufe).

- Die Köpfe von Blankolisten sowie die Formate (z.B. nur 8- und 12 Zoll) sind zu standardisieren.

- Texte in Kopf und Überschriften sind sinnvoll abzukürzen, gegebenenfalls durch Doppelzeile.

- Die zu druckenden Zeilen sind nach Kopf-, Überschriften-, Posten-, Summen- und Hinweiszeilen zu trennen.

- Auf jedem Blatt sind die Bezeichnung, das Ausgabedatum und eine fortlaufende Blatt-Nr. anzudrucken.

- Die Druckfelder in den Formular-Entwurfsblättern sind mit einheitlichen Symbolen zu kennzeichnen.

- Die zu druckenden Vorzeichen sind einheitlich, vor oder hinter den Daten, anzuordnen.

- Beim Entwurf von Formularen und Listen sind die technischen Einzelheiten des Vordrucks, der Beschriftung, der Datensicherung und der Handhabung auf der Schneidemaschine zu berücksichtigen.

- Alle Formulare und Listen sollten, auf der ersten oder letzten Seite, Hinweise für Versand und Verteilung enthalten, die mit gedruckt werden.

4.4 Maßnahmen des Datenschutzes und der Datensicherung

4.41 *Einleitung und Übersicht*

Die Datenbestände, aber auch die Programme und die EDV-Einrichtungen selbst sind fortwährend zahlreichen Gefahren und Risiken ausgesetzt wie beispielsweise Verlust, Zerstörung, Beschädigung, Verfälschung oder Mißbrauch. Solche Gefahren und Risiken sind zwar bei jeder Art von Datenverarbeitung vorhanden. Während sie aber beim Stapelbetrieb überschaubar und kalkulierbar waren, muß bei Dialogverfahren mit weitaus höheren Risiken gerechnet werden, die vornehmlich darin liegen, daß verschiedene Benutzer direkt zu komplexen Datenbeständen zugreifen. Diesen Gefahren und Risiken gilt es vorzubeugen und gesetzlichen Vorschriften Rechnung zu tragen.

Der Datenschutz umfaßt die Summe aller Vorkehrungen zur Verhinderung des rechtswidrigen Gebrauchs der Datenverarbeitung, soll also Schutz vor Mißbrauch durch die Datenverarbeitung bieten. Demgegenüber bezeichnet der Begriff der Datensicherung die Sicherung der Datenverarbeitung selbst. Sie erstreckt sich auf alle organisatorischen, technischen und programmtechnischen Maßnahmen, um die Datenbestände (Datenträger, Dateien und Datenbanken), Programme, Dokumentationsunterlagen und Einrichtungen (Gebäude, Räume, EDV-Anlagen, Datenerfassungsgeräte und Übertragungseinrichtungen, Stromversorgungs- und Klimaanlagen) der Datenverarbeitung gegen Katastrophen, Fehler und Beschädigung zu sichern. Bild 50 zeigt eine Übersicht über die Gesamtfragen des Datenschutzes und der Datensicherung.

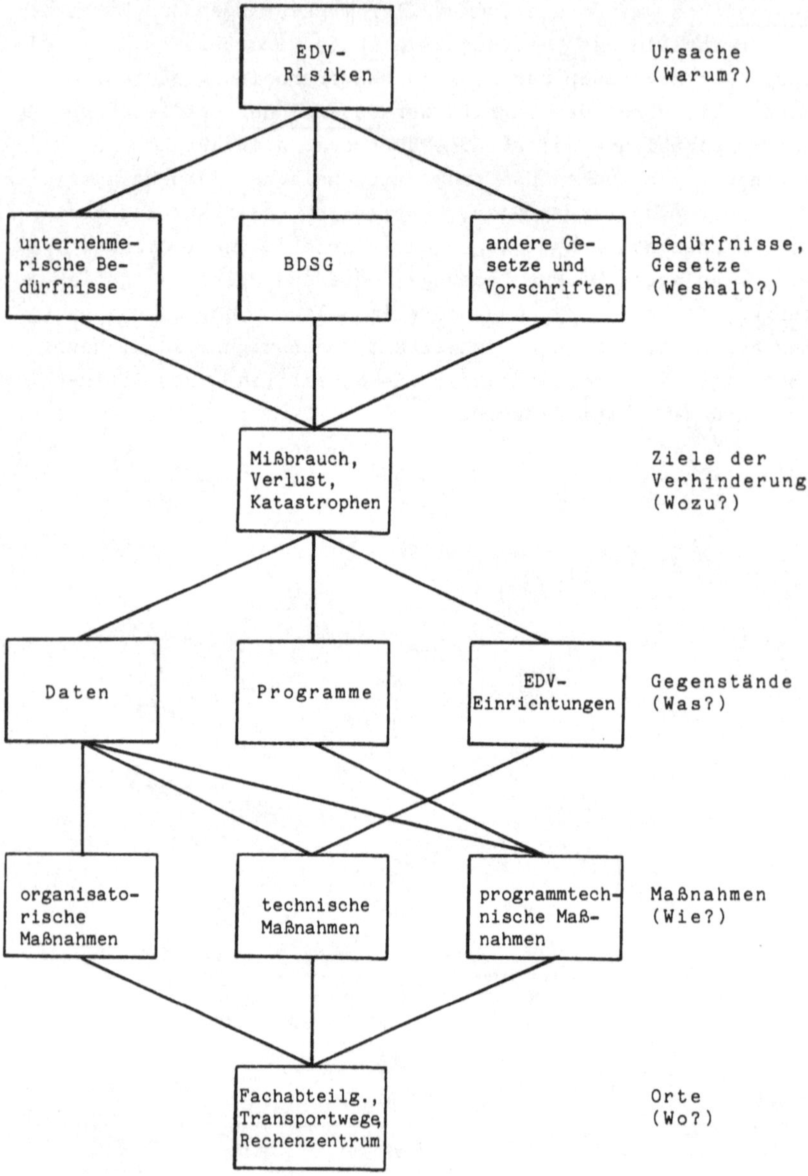

Bild 50: Datenschutz und Datensicherung

4.42 *Die Vorschriften des Bundes-Datenschutzgesetzes*

Aus dem seit 1978 geltenden Bundes-Datenschutzgesetz (BDSG) sind für EDV-Anwender folgende Maßnahmen von besonderer Bedeutung:

- Es sind nur schutzwürdige Daten von natürlichen (also nicht juristischen) Personen geschützt.

- Schutzwürdige Daten sind Einzelangaben über persönliche und sachliche Verhältnisse einer bestimmbaren natürlichen Person (nicht geschützt sind öffentlich zugängliche Daten wie Name, Anschrift, Geburtsdatum und Telefon-Nr.).

- Alle Mitarbeiter, die mit personenbezogenen Daten umgehen, sind schriftlich auf das Datengeheimnis zu verpflichten.

- Auf schriftliches Verlangen des Betroffenen hat das Unternehmen Auskunft über die zu seiner Person gespeicherten Daten zu geben, ebenfalls über die regelmäßigen Empfänger der Daten.

- Bei Erstspeicherung ist der Betroffene zu benachrichtigen, es sei denn, daß er auf andere Weise von der Speicherung Kenntnis erlangt hat (aber nicht automatisch aufgrund eines Vertragsverhältnisses und nicht versteckt in den Allgemeinen Geschäftsbedingungen!).

- Sind die gespeicherten Daten unrichtig, kann der Betroffene eine Berichtigung, ist weder Richtigkeit noch Unrichtigkeit feststellbar, so kann er Sperrung der Daten verlangen. Es besteht Pflicht zur Löschung, wenn die Speicherung unzulässig war oder wenn der Betroffene es verlangt oder wenn die Richtigkeit bestimmter Daten durch das Unternehmen nicht beweisbar ist.

- Datenverarbeitung außer Haus in einem Service-Rechenzentrum bedeutet keine Weitergabe von Daten an Dritte, jedoch unterliegt das Fremdrechenzentrum selbst erschwerten Datenschutzvorschriften.

- Eine Weitergabe von Daten an juristisch selbständige Unternehmen (also auch derselben Firmengruppe) gilt dagegen als Weitergabe an Dritte und unterliegt den Vorschriften des BDSG.

- Sofern bei automatischer Datenverarbeitung mindestens 5 Personen mit schutzwürdigen Daten zu tun haben, ist ein betrieblicher Datenschutzbeauftragter (DSB) zu bestellen. Dieser ist, in seiner Eigenschaft als DSB, der Geschäftsleitung direkt zu unterstellen und hat die Durchführung der gesetzlichen Vorschriften zu überwachen. So hat er die Mitarbeiter zu schulen und ein Dateiverzeichnis zu führen.

- Im Anhang zum § 6 des BDSG sind verschiedene Datensicherungsbestimmungen angeführt, die es über den Datenschutz hinaus zu beachten gilt. Sie decken sich jedoch voll mit den eigenen Anforderungen des Unternehmens an die Datensicherung.

4.43 *Die Sicherung der Daten und Programme*

Die Sicherung der Daten, Programme, Dokumentationsunterlagen und technischen Einrichtungen der Datenverarbeitung werden zweckmäßigerweise unterteilt nach den Sicherungsmaßnahmen

- <u>in den Fachabteilungen einschl. Transportwege</u>
  (Sicherung der Belege und Listen in den Fachabteilungen und auf dem Transport, Sicherung der Bildschirmgeräte und der Übertragungseinrichtungen)
  und

- <u>im Rechenzentrum einschl. Auslagerungsräume</u>
  (Sicherung der Daten, Programme, Dokumentationsunterlagen und technischen Einrichtungen).

Im Bereich der Fachabteilungen sind zusammengefaßt folgende Maßnahmen der Datensicherung erforderlich:

- Mitwirkung und sachliche Kontrolle der Fachabteilungen in allen Phasen der Projektumstellungen und des Pflegedienstes.

- Verantwortung für die Datenerfassung (Aufnahme, Prüfung, Ergänzung, Eingabe, Korrektur) und Stammdatenpflege.

- Verantwortung für die Direkteingabe (Sicherung der Terminals, Benutzeridentifikation, Zugriffskontrolle, Protokollierung).

- Verantwortung für den Datentransport zum Rechenzentrum (verschließbare Behälter, Vollständigkeitskontrolle, Laufzettel, Quittierung).

- Verantwortung für die ordnungsgemäße Lagerung von Urbelegen, Datenerfassungsbelegen, Datenträgern, Protokollen und Listen.

Die hauptsächlichsten Maßnahmen der Datensicherung im Rechenzentrum sind:

- Die Maschinenräume sowie das Archiv und die Versorgungseinrichtungen sollten gegenüber Unbefugten abgesichert sein (Closed-Shop-Betrieb).

- Um gegen Verlust und Zerstörung gesichert zu sein, müssen von allen Datenbeständen, Programmen und Dokumentationsunterlagen Duplikate vorhanden sein, von denen jeweils ein Exemplar zur Absicherung gegenüber Katastrophen ausgelagert werden sollte.

- Zahlreiche bauliche Maßnahmen wie z.B. Sicherheitsglas, Brandschotts, Feuermeldeeinrichtungen, Kennzeichnung von Fluchtwegen, automatische Klimaregler und elektrische Sicherheitseinrichtungen gehören ebenfalls zu den Sicherungsmaßnahmen im Rechenzentrum. Im Zusammenhang hiermit sei auf die Unterlagen der Hersteller, Anlagenversicherer und Baubehörden verwiesen.

- Entsprechend Anlage zu § 6 Absatz 1 Satz 1 des BDSG müssen alle Firmen, die personenbezogene Daten automatisch verarbeiten, alle Maßnahmen treffen, die die Zugangskontrolle, Abgangskontrolle, Speicherkontrolle, Benutzerkontrolle, Zugriffskontrolle, Übermittlungskontrolle, Eingabekontrolle, Ausgabekontrolle, Transportkontrolle und Organisationskontrolle sicherstellen.

Anhang

Begriffserklärungen

A

Abfrage	Einsatz eines Bildschirmgerätes zum Abfragen von Daten oder Informationen aus dem Computer
Adresse	fortlaufende Numerierung der Speicherplätze, um Datensätze direkt ansprechen zu können
Adreßteil	derjenige Teil einer Maschineninstruktion, der die Operandenadressen enthält
Änderungsdaten	Daten, die zur Änderung von Stammdaten im Computer dienen
Anwenderhandbuch	Teil der Dokumentation mit den Anweisungen und Belegmustern für den Anwender
Anwendungssoftware	die Summe aller Programme, die bestimmte Anwendungsaufgaben durchführen; Gegensatz: Systemsoftware
Arbeitsspeicher	Teil der Zentraleinheit zur Aufnahme der gerade ablaufenden Programme und der gerade zu bearbeitenden Daten
Aufgabenanalyse	Teilgebiet der Analyse zur Ermittlung der Aufgaben, die mit dem Computer abgewickelt werden sollen

Ausgabe	Ausgabe von Daten und Informationen am Bildschirmgerät oder über Drucker
B	
Basisdatenverarbeitung	anderer Ausdruck für mittlere Datentechnik
Benutzeridentifikation	Identifizierung eines Bildschirmbenutzers mit Hilfe eines bestimmten, einzugebenden Codes
Bestandsdaten	gespeicherte Daten, die periodisch fortgeschrieben werden
Betriebssystem	Bestandteil der Systemsoftware zur gesamten Steuerung eines Computers
Bewegungsdaten	neue Geschäftsvorfälle, die in den Computer eingegeben werden
Bildschirmgerät	Dialoggerät zur Eingabe und Ausgabe von Programmen und Daten
Bildschirmmaske	optische Gestaltung der Bildschirmanzeige
Binärsystem	Zahlensystem, auf der Basis 2 aufbauend
Bit	engl. Binary Digit; kleinste Stelle der Datenspeicherung zur Aufnahme einer Binärzahl
BDSG	Bundes-Datenschutzgesetz; Gesetz zum Schutze vor Mißbrauch der Datenverarbeitung
Byte	englischer Ausdruck für die Darstellung binärer Zahlen; ein Byte

	umfaßt 8 Datenbits und 1 Prüfbit und kann 2 Ziffern oder einen Buchstaben aufnehmen
C	
Closed-Shop-Betrieb	abgeschlossener Maschinenraum, zu dem nur bestimmte Personen Zutritt haben
Computer	engl. Ausdruck für elektronische Rechenanlage
Computerausschreibung	Herstellerausschreibung bei der Anschaffung eines Computers
D	
Datatypistin	Datenerfasserin
Datei	Bezeichnung eines zusammenhängenden Datenbestandes im Speicher
Daten	in Form von Ziffern, Buchstaben und Sonderzeichen dargestellte Geschäftsvorfälle
Dateneingabe	Eingabe von Änderungs- und Bewegungsdaten in den Computer
Datenerfassung	Aufnahme der Daten, Erfassung auf Datenträger und Eingabe in den Computer
Datenerfassungsbeleg	Beleg für die Aufnahme der einzugebenden Daten
Datenfernübertragung	oder DFÜ; Begriff für die Übertragung von Daten zwischen zwei Datenstationen
Datenflußplan	graphische Darstellung eines Arbeitsablaufs mit Hilfe genormter Symbole

Datenmengengerüst	Übersicht über die Datenmengen eines Arbeitsgebietes
Datensatz	Teil einer Datei; ein Datensatz umfaßt die Daten einer Einheit, zum Beispiel Kundenstammsatz
Datenschutz	Ausdruck für den Schutz von Personen und Organisationen vor Mißbrauch durch die Datenverarbeitung
Datenschutzbeauftragter	abgekürzt DSB; betrieblicher, vom BDSG vorgeschriebener Datenschutzbeauftragter
Datensicherung	Sicherung der Daten, Programme und Dokumentationsunterlagen gegen Beschädigung, Zerstörung und Verlust
Datenträger	Mittel zur Erfassung und Eingabe von Daten
Datenübertragung	Übertragung von Daten zwischen lokalen Datenstationen; Gegensatz: Datenfernübertragung
Datenverarbeitung	im engeren Sinne Prüfen und Rechnen der eingegebenen Daten
Datenverarbeitung außer Haus	externe Datenverarbeitung in einem Service-Rechenzentrum
Dialogsprache	Programmiersprache, insbesondere für Dialoganwendungen entwickelt
Dialogverarbeitung	Kommunikation zwischen Mensch und Computer; Gegensatz: Stapelverarbeitung
Dialogverkehr	siehe Dialogverarbeitung

Dienstprogramme	Bestandteil der Systemsoftware; Programme für generelle Anwendungen, zum Beispiel zum Duplizieren von Datenbeständen
Direkteingabe	Eingabe von Programmen und Daten über Bildschirmgerät ohne Zwischenschaltung eines Datenträgers
Direktumstellung	Umstellungsmethode, bei der altes und neues Verfahren zu einem Stichtag wechseln
Diskette	Datenträger in Form einer kleinen Magnetscheibe
Diskettengerät	Gerät zum Lesen und Beschreiben von Disketten, an der Zentraleinheit angeschlossen
Dokumentation	Unterlagen über Arbeitsabläufe und Programme; die Dokumentation dient dazu, einen Arbeitsablauf nachprüfbar zu machen und die Programme ändern zu können
Drucker	Gerät zum Ausdrucken von Daten und Informationen in lesbarer Form auf Formularen oder Blankopapier

E

EDV-Anlage	größere elektronische Rechenanlage
EDV-Kontaktleute	Mitarbeiter von Fachabteilungen, die an der Gestaltung von EDV-abläufen aktiv teilnehmen
Einführung	hier: EDV-Einführung eines Arbeitsgebietes

Einweisung	Einweisung der Mitarbeiter in der Handhabung eines Computerablaufs
Elektronenrechner	engl. Computer
Entscheidungstabelle	Hilfsmittel zur Darstellung logischer Zusammenhänge in Tabellenform

F

Fehlerprotokoll	Ausdruck einer Fehlerliste bei der Stapelverarbeitung
Fein-Datenflußplan	Datenflußplan mit allen Einzelheiten eines Arbeitsablaufs
Fein-Lösung	oder Detailorganisation; Darstellung eines Arbeitsablaufs mit allen Einzelheiten

G

Grob-Datenflußplan	Datenflußplan ohne EDV-technische Feinheiten
Grob-Lösung	Darstellung eines Arbeitsablaufs ohne letzte Feinheiten; anwendungsbezogen

H

Hardware	engl. Ausdruck für alle technischen Einrichtungen der Datenerfassung, Datenübertragung und Datenverarbeitung
Hardwareauswahl	Auswahl des am besten geeigneten Computers

Hardwarediagramm	graphische Darstellung der Konfiguration eines Computers
Hardwaresteuerung	im Steuerwerk einer Zentraleinheit fest eingebaute Steuerungseinrichtungen
Hauptspeicher	siehe Arbeitsspeicher
Herstelller-Pflichtenheft	Fragenkatalog bei der Hardwareauswahl

I

identifizierender Schlüssel	fortlaufende Numerierung des Schlüssels; Gegensatz: klassifizierender Schlüssel
Individual-Software	für eine bestimmte Anwendung individual gefertigtes Programm
Information	Nachricht mit Neuigkeitswert

K

klassifizierender Schlüssel	Unterteilung eines Schlüssels in Unterschlüssel

L

Ladevorgang	Übertragen eines Programms vom externen in den internen Arbeitsspeicher
Listbild	Entwurf der Druckausgabe
Lochkarte	ältester Datenträger zur Erfassung und Eingabe von Daten

M

Magnetband	Datenträger und Speichermittel, bei der mittleren Datentechnik seltener verwendet
Magnetbandkassette	Datenträger in Form einer Kassette; besonders dezentral für eine synchrone Datenerfassung verwendet
Magnetkontencomputer	Vorgänger der mittleren Datentechnik mit Verwendung von Magnetkonten als Speichermittel
Magnetplatte	in der mittleren Datentechnik hauptsächlich benutzter externer Massenspeicher
Magnetplattenspeicher	Gerät zum Speichern und Lesen von Programmen und Daten auf Magnetplatten
Maschinensprache	oder Computersprache; spezielle Sprache eines Computers
Match-Code-Verfahren	Verfahren zum Auffinden von Schlüsseln mit Hilfe von Kennzeichen, zum Beispiel über Kundennamen
MDT-System	System der mittleren Datentechnik; Computer für Klein- und Mittelbetriebe
Mengenanalyse	Teilgebiet der Analyse zur Ermittlung der Datenmengen, die eingegeben, gespeichert und ausgegeben werden müssen
Minicomputer	oder Kleincomputer; Ausdruck für kleinere Computer, meist zur Prozeßsteuerung eingesetzt

mittlere Datentechnik	Einsatz von MDT-Systemen

O

Objektprogramm	Programm, in die Maschinensprache übersetzt
off-line	vom Computer unabhängig
on-line	vom Computer abhängig
Operationsteil	Teil einer Instruktion zur Aufnahme des Maschinenbefehls
Operator	Maschinenbediener
Ordnungsbegriff	Schlüssel zur Identifizierung von Datensätzen im Speicher

P

Parallellauf	Umstellungsmethode, bei der altes und neues Verfahren eine zeitlang parallel laufen
periphere Geräte	oder Randeinheiten; Geräte eines Computers für die Eingabe, Ausgabe, externe Speicherung und den Dialogverkehr
Praxistest	Programmtest, bei dem das Programm Praxisbedingungen unterworfen wird, unter Mitwirkung der Anwender
Programm	hier Computerprogramm; Kette von Arbeitsanweisungen (Instruktionen) zur Abwicklung einer bestimmten Aufgabe auf dem Computer
Programmablaufplan	graphische Darstellung eines Programmablaufs auf dem Computer

Programmänderung	Änderung eines Programms aufgrund einer neuen Programmvorgabe
Programmaufbau	modularer Aufbau eines Programms mit Unterteilung in Unterprogramme
Programmbeschreibung	verbale Beschreibung eines Programmablaufs
Programmbibliothek	Bezeichnung des Speicherbereichs, in dem alle Programme gespeichert sind
Programmdokumentation	Unterlagen über Inhalt und Ablauf eines Programms
Programmierer	Mitarbeiter der EDV-Abteilung, der die individuellen Programme erarbeitet
Programmiersprache	im Gegensatz zur Maschinensprache eine symbolische Sprache, in der heute alle Programme geschrieben werden
Programmierung	Erstellung eines Programms in einer Programmiersprache
Programminstruktion	oder Arbeitsanweisung; Teil eines Programms, bestehend aus Operations- und Adreßteil
Programmpflege	Änderung und Erweiterung von Programmen
Programmsteuerung	Steuerung eines Computers mit Hilfe eines gespeicherten Programms
Programmtest	Überprüfen eines Programmes auf seine logische und sachliche Richtigkeit entsprechend der Programmvorgabe

Programmumwandlung	Übersetzung eines Programms von der Programmier- in die Maschinensprache
Programmverschlüsselung	oder Codierung; Schreiben der Instruktionen in der Programmiersprache
Programmvorgabe	Beschreibung eines Programminhalts als Arbeitsanweisung an den Programmierer
Prüfziffer	Erweiterung eines Schlüssels um eine Zahl (meist ein- oder zweistellig), als Ergebnis einer mathematischen Formel
Prüfziffernverfahren	Ergänzung eines Schlüssels um eine Prüfziffer
Q	
Quellenprogramm	das in einer Programmiersprache erstellte Programm; das Quellenprogramm wird in das Objektprogramm (Maschinensprache) umgewandelt
R	
Recheneinheit	Teil der Zentraleinheit, in dem die Prüf-, Rechen- und Vergleichsoperationen ablaufen
S	
Satzaufbau	Struktur eines Datensatzes, in Datenfelder unterteilt
Schlüssel	Kurzbezeichnung, meist numerisch, für eine Dateneinheit, Beispiel: Kunden-Nr.

Software	Summe aller Programme für einen Computer
Softwareauswahl	Verfahren zur Auswahl der am besten geeigneten Software
Softwaresteuerung	Steuerung eines Computers mit Hilfe eines gespeicherten Programms
Stammdaten	feste Daten, die ständig gespeichert sind und nur bei Bedarf geändert werden
Stammdatenpflege	Änderung von Stammdaten
Standard-Software	vorgefertigte, von mehreren Anwendern einsetzbare Software
Stapelverarbeitung	engl. Batch-Betrieb; Verarbeitung der Daten im Stapel ohne Verbindung zwischen Mensch und Maschine
Steuerwerk	Teil der Zentraleinheit, von dem alle Steuerungsvorgänge ausgehen
Systemsoftware	Teil der Software, der sich mit Steuerungsvorgängen und Anwendungen genereller Art befaßt

T

Tabellierpapier	oder Blankopapier; ohne Vordruck
Terminal	engl. Ausdruck für Datenstation oder Bildschirmgerät

U

Übersetzungsprogramm	oder Umwandlungsprogramm; Programm zum Übersetzen eines Programms von der Programm- in die Maschinensprache

Umstellungsmethode	Technik zur Umstellung von einem manuellen auf ein maschinelles Verfahren: Direktumstellung und Parallellauf
Urbeleg	Ersterfassungsbeleg, zum Beispiel eine Kundenbestellung

Z

Zeichendrucker	langsamer Drucker, der Zeichen nach Zeichen druckt
Zeilendrucker	schneller Drucker, der je Vorgang eine Zeile druckt
Zentraleinheit	zentrales Gerät eines Computers, das Steuerwerk, die Recheneinheit und den Arbeitsspeicher umfassend
Zylinderzugriff	Zugriff beim Magnetplattenspeicher, bei dem mehrere, untereinanderliegende Spuren mit einer Einstellung des Zugriffsarms angesprochen werden können
Zugriffskontrolle	Sicherung von Bildschirmgeräten; mit Hilfe der Zugriffskontrolle wird sichergestellt, daß nur autorisierte Personen zu bestimmten Datenbeständen zugreifen können
Zugriffszeit	Zeit für das Auffinden oder Hinbringen eines Datensatzes, auf den Arbeitsspeicher bezogen
Zykluszeit	Gesamtzeit für das Schreiben oder Lesen einer Speicherinformation

Sachregister

MIX
Papier | Fördert
gute Waldnutzung
FSC® C083411

Zeitfracht Medien GmbH
Ferdinand-Jühlke-Straße 7
99095 Erfurt, Deutschland
produktsicherheit@kolibri360.de